远古埃及对建筑学的贡献:
古王国至托勒密王朝

THE CONTRIBUTION OF ANCIENT EGYPT TO ARCHITECTURE:
FROM OLD KINGDOM TO PTOLEMAIC PERIOD

古代建筑名作解读

INTERPRETATIONS ON NOTABLE ANCIENT ARCHITECTURAL WORKS

薛恩伦
ENLUN XUE

中国建筑工业出版社
CHINA ARCHITECTURE & BUILDING PRESS

图书在版编目（CIP）数据

远古埃及对建筑学的贡献：古王国至托勒密王朝 ／
薛恩伦，－北京：中国建筑工业出版社，2016.3
（古代建筑名作解读）

ISBN 978-7-112-19078-2

Ⅰ．①远… Ⅱ．①薛… Ⅲ．①建筑史—研究—埃
及—古代 Ⅳ．①TU-094.11

中国版本图书馆CIP数据核字（2016）第028716号

责任编辑：吴宇江
责任校对：陈晶晶 张颖

远古埃及对建筑学的贡献：
古王国至托勒密王朝
THE CONTRIBUTION OF ANCIENT
EGYPT TO ARCHITECTURE:
FROM OLD KINGDOM TO PTOLEMAIC
PERIOD

古代建筑名作解读
INTERPRETATIONS ON NOTABLE ANCIENT
ARCHITECTURAL WORKS

薛恩伦
ENLUN XUE

*

中国建筑工业出版社出版、发行（北京西郊百万庄）
各地新华书店、建筑书店经销
北京美光设计制版有限公司制版
北京缤索印刷有限公司印刷

*

开本：787×1092毫米 1/16 印张：15¾ 字数：307千字
2016年8月第一版 2016年8月第一次印刷
定价：150.00元
ISBN 978-7-112-19078-2
（28304）

内容提要

埃及是世界上最古老的国家之一。公元前3100年，古埃及建立了第一个王朝，开始了以法老为君主的王朝时代。埃及古王国时期开始建造巨大的金字塔，以作为法老的陵墓。中王国时期石窟式的陵墓取代了金字塔，同时也开始建造神庙。埃及新王国时期是古埃及最强盛的阶段，新王国时期的神庙取代了陵墓，神庙既是祭祀神灵之地，又是法老的行宫。古埃及的建筑物，无论是金字塔还是神庙，其规模和尺度都很大，尺度之大令人难以想象，也难以用语言表达，必须身临其境，否则无法理解古埃及建筑学的伟大。

本书作者于2005年和2013年两次访问埃及，较为深入地了解古埃及在建筑学方面的发展，也加深了对建筑学科的理解。埃及人在距今4000年前已经开始规划和建设城市，并且在住宅、神庙内增加景观设计，其建筑物与雕塑、绘画的有机结合在神庙和陵墓中更是处处可见，充分显示出古埃及人对建筑学科的认知和高水平的审美意识。古代埃及的建筑"柱式"有许多变化，他们的柱式没有明确规定的尺寸或比例，"建筑师"可以任意发挥，似乎古代埃及的"柱式"比古希腊柱式或古罗马柱式更具活力。

考虑到国内相关资料较少，本书在编写过程中尽量把作品介绍得详细些，并且增加了注释，编入本书的图片超过500幅，大部图片均为2013年拍摄，力图使读者清楚地了解作品的全貌，对于尚未去过作品现场的读者尤为有益。

Abstract

Egypt, one of the world's oldest countries. In the remote years around 3100 BC, the first dynasty of ancient Egypt was established and thereupon started the dynastic era during which a succession of pharaohs reigned. The Old Kingdom was a period of colossal pyramids being built as pharaohs' tombs. These stone mountains were later replaced during the Middle Kingdom by burial chambers in rock caves. The erection of temples also began at this period. Egypt reached the pinnacle of its power and prosperity during the New Kingdom when tombs were superseded by pharaohs' temples. Not only a variety of votive rituals were performed in temples, also they were pharaohs' palaces for short stays. These pyramids and temples, among other ancient Egyptian constructions, were laid out on a vast scale, so much so that it seems beyond any of imagination or words and only by being personally on the scene can a person grasp the greatness of ancient Egyptian architecure.
The author has been to Egypt in 2005 and 2013, and studied up on ancient Egyptian architectural development, garnering a deeper understanding of architecture as a subject. The Egyptians set out to plan and construct their cities 4000 years ago. They adorned homes and temples with landscape design, and practically very prevalent in ancient tombs and temples was the dynamic integration of buildings with engravings and paintings. All these are perfect proof of ancient Egyptians' outstanding comprehension of architecture and sophisticated consciousness for beauty. Another example of it lies in the variation of the architectural "order"of ancient Egypt for the scale and proportion of which there was no explicit regulation. "Architects" might follow their fancy, and ancient Egyptian architectural "order"might therefore manifest itself as being more vigorous than those of ancient Greece and Rome. There were currently very few relevant materials available for domestic readers in China. The author therefore strived to compile his book as elaborately as possible, just as he did with all his previous books. He took care to add annotations and amplify his remarks with more than 500 pictures taken in 2013. It was so that these architecture can be fully appreciated by readers, especially those who have not yet been there in person.

前言 Preface

　　埃及是世界上最古老的国家之一。距今9000多年前，开始有人类在尼罗河的河谷定居，进行农业和畜牧业生产活动。公元前3100年之前，传说上埃及国王美尼斯（Ment or Mense）统一上、下埃及，建立第一王朝，开始了以法老为君主的王朝时期。此后，历经古王国、中王国、新王国等重要历史时期，同时也不断遭遇外来民族的入侵，至公元前332年被来自欧洲的马其顿帝国征服。马其顿帝国的亚历山大大帝死后，由其部将托勒密统治埃及，建立了托勒密王朝，此时的埃及已经在外族人统治之下。此后，埃及又被古罗马占领，公元7世纪，阿拉伯人再次入侵埃及，古埃及原有的文明逐渐被阿拉伯文明所取代。

　　埃及古王国时期的建筑物以金字塔为代表。公元前2686年，埃及人建立了第一座阶梯形金字塔作为法老的陵墓，中王国时期石窟式的陵墓取代了金字塔，同时也开始了建造神庙，埃及新王国时期达到了古埃及最强盛的阶段，新王国时期的神庙取代了陵墓。神庙既是祭祀神灵之地，又是法老的行宫，卡纳克神庙群前后建造了2000年之久。古埃及的建筑物，无论是金字塔还是神庙，规模和尺度都很大，尺度之大得令人难以想象，也难以用语言表达，必须身临其境，否则无法理解古埃及建筑学的伟大。

　　2005年和2013年我两次访问埃及，相隔8年，埃及的城市面貌变化不大，最吸引人的地方仍然是古埃及的金字塔、陵墓与神庙。仅以神庙为例，不仅规模和尺度大，许多方面都令人赞赏，古埃及人在石结构上绘制彩画，神庙内顶部21m高处的彩画虽历经4000年，至今色彩仍可辨认。埃及陵墓内的壁画保护完好，尤其是私人陵墓的壁画，具有浓厚的生活气息，令人耳目一新。古埃及的村镇和城市建设也令人惊叹，尤其是新王国时期建造的阿肯太顿新城。阿肯太顿是一座有完善规划的城市，不仅具备一定水准，而且具有创新意识。古埃及人的审美观也令人敬佩，胡夫金字塔的造型被学者们称为"埃及三角形"。"埃及三角形"的底边长度与高度之比恰好是 8 ：5，这种比例具有良好的视觉效果。

深入研究远古埃及的建筑学之后，加深了对建筑学科的理解，"建筑学"一词是公元前 1 世纪古罗马建筑师维特鲁威在《建筑十书》中提出的。《建筑十书》是用拉丁文书写的，建筑学 (Architecture) 的拉丁语为"architectura"，建筑学是一门综合性的学科，具有广泛的内涵。事实说明，埃及人在公元前 3000 年就已经开始实践了《建筑十书》中总结出的"建筑学"所包含的内容。

本书是《古代建筑名作解读》系列丛书中的一集。《古代建筑名作解读》是《现代建筑名作访评》系列丛书的姊妹作，出版这两套丛书的目的在于使国内建筑界更为深入地了解世界各地建筑学的发展。《古代建筑名作解读》重点选择那些对现代建筑创作更有启发性的古代建筑作品，全书共有 10 册，详细书目在本书封面的后勒口有介绍。

感谢高为、曲敬铭、周锐、应纯平和徐华宇为本书提供的珍贵照片，感谢卢岩为我们多次出国考察所作的精心安排并为本书的内容简介和作者介绍提供了英文译稿，感谢中国建筑工业出版社吴宇江编审为本书出版所做的一切。

2016 年是梁思成先生创办清华大学营建系 70 周年，仅以此书献给母校，缅怀梁思成先生对教育事业的贡献。

薛恩伦

2015 年 5 月 26 日

目录 Contents

1　埃及的古代文明
The Ancient Civilization of Egypt

1.1　尼罗河的赠礼与古代埃及的历史分期
The Gift from Nile River and The Chronology of
Ancient Egypt

距今 9000 多年前，开始有人类在尼罗河河谷定居，进行农业和畜牧业生产活动，古埃及的居民是由北非的土著居民和来自西亚的塞姆人 (Semu) 融合形成的。[①] 埃及文明的产生和发展同尼罗河关系密切，正如古希腊历史学家希罗多德 (Herodotus，公元前 484—前 425 年) 所言：埃及是尼罗河的赠礼。古代埃及的尼罗河几乎每年都泛滥，淹没农田，但同时也使被淹没的土地成为肥沃的耕地，尼罗河还为古埃及人提供了交通的便利，使人们比较方便地来往于尼罗河两岸。古埃及文明绵延数千年而不间断的另一个重要原因是其相对与外部世界隔绝的地理环境，古埃及北面和东面分别是地中海和红海，西面是沙漠，南面是一系列大瀑布，只有在东北方向有一条通道，经过西奈半岛通往西亚，这样的地理位置，使外人不易进入埃及，从而保证了古埃及文明的延续。古代埃及分为上埃及 (Upper Egypt) 与下埃及 (Lower Egypt)，上、下埃及的划分也以尼罗河为依据，上埃及指尼罗河中游峡谷地段，下埃及指尼罗河口三角洲。

古代埃及的历史分期始终有争议，各王朝的国王数目也不准确，实际探讨古埃及文化的时间范围始于公元前 3100 年，上、下埃及的统一至托勒密王朝的覆灭，即通常所说的历时 3000 多年的法老统治时代。从简化历史分期的角度，古代埃及的历史可概括为 6 个阶段，11 个时期，31 个王朝和 309 位国王。

(1) 史前期 (Prehistory Period，公元前 7000—前 4000 年)、涅伽达时期 (The Naqada Period，公元前 4000—前 3200 年) 与埃及国家 (The Emergence of the Egyptian State，公元前 3200—前 2686 年) 的出现。

(2) 古王国 (The Old Kingdom，公元前 2686—前 2125 年) 与第一中间期 (The First Intermediate Period，公元前 2160—前 2055 年)

(3) 中王国 (The Middle Kingdom，公元前 2055—前 1650 年)、第二中间期

---

① 塞姆人又称闪米特人 (Semites)，是起源于阿拉伯半岛和叙利亚沙漠的游牧民族，今天生活在西亚、北非的大部分居民就是阿拉伯化的古代闪米特人的后裔。埃及最早的土著人始于北方，是尼罗河下游的欧迈里耶 (el-Omari)、莫林达 (Merimda) 和法尤姆 (Faiyum)，埃及南方最早的土著人文化、巴达里 (Badari) 文化的出现比北方晚了几个世纪。

与希克索斯时期 (The Second Intermediate Period and the Hyksos Period，公元前 1650—前 1550 年)。

(4) 新王国 (The New Kingdom，公元前 1550—前 1069 年) 与第三中间期 (The Third Intermediate Period，公元前 1069—前 664 年)。

(5) 后王朝时期 (Late Period，公元前 664—前 332 年)

(6) 托勒密王朝时期 (The Ptolemaic Period，公元前 332—前 30 年)。

以上分期及年代参考牛津大学编写的《古代埃及史》(The Oxford History of Ancient Egypt) 及其他相关文献。

公元前 3100 年之前，传说上埃及国王美尼斯统一上、下埃及，建立第一王朝，定都拜德尔舍因 (Al Badrashin) 拉希纳村 (Mit Rahina)，美尼斯成为古埃及第一个法老 (Pharaoh)，古埃及从此开始了以法老为君主的法老时代。[②] 古埃及统一后，经历一段很长的稳定时期，农业、畜牧业、手工业、商业等各项事业全面发展，确立了君主独裁的专制统治。

第 3 王朝至第 8 王朝是埃及历史上的古王国，第 3 王朝迁都孟菲斯 (Memphis)，加强对下埃及的控制。第 6 王朝以后，王权衰落，法老失去了对国家各地区的控制，国家开始分裂，史称第 1 中间期，这种分裂形式到第 11 王朝重新统一，此后，埃及进入第 2 个政治稳定期，即中王国时期。

中王国在第 12 王朝时迁都底比斯 (Thebes)，今埃及卢克索 (Luxor)，社会生产有了进一步发展，农业耕地面积扩大，生产工具进步显著，并且开始使用青铜器。第 14 王朝时，政权又开始瓦解，第二中间期开始，在此时期埃及第一次遭到外族的侵略，侵略者为驾车作战的希克索斯人 (Hyksos)，希克索斯人是古代亚洲西部的一个混合民族，公元前 1720—前 1570 年，他们占领了埃及北部的大部分地区，进行了长达 100 多年的统治。

第 17 王朝的阿赫摩斯一世 (Ahmose I) 于公元前 1570 年将希克索斯人逐出国境，重新统一埃及，开始了第 18 王朝，此后被称为新王国时期。第 18 王朝国力强盛，对外频频发动战争，第 19 王朝时，埃及与赫梯帝国 (Hittite Empire) 发生了卡叠石战役 (Battle of Qadesh)，经过 16 年之久的战争，最后以拉美西斯二世 (Ramesses II) 与赫梯王签订和约告终。埃及在第 20 王朝以后，一系列的奴隶起义导致国力衰竭，其间经历了被利比亚人、努比亚人 (Nubians) 和亚述人的统治，这是跨越 5 个王朝的第 3 中间期，第 3 中间期的王朝由第 21 王朝至第 25 王朝。

---

② 法老是对古埃及君主的尊称，美尼斯统一埃及时并没有自称法老，因为在古埃及语中"法老"一词的原意是大房子 (Great House)，指王宫，从新王国第 18 王朝君主图特摩斯三世开始把法老作为对自身的称呼，此后，逐渐演变成对国王的尊称。法老是古埃及国家政权的最高代表，法老自称是太阳神之子，是神的代理人和化身。

埃及自第 26 王朝进入古埃及后期，公元前 525 年，埃及被波斯的阿契美尼德 (Achaemenid) 帝国所灭，阿契美尼德帝国又称波斯第一帝国。波斯人在埃及建立了第 27 王朝和第 31 王朝，埃及 26 王朝后裔反抗波斯人成功，建立了短暂的第 28、29 和 30 王朝。

公元前 332 年，埃及又被古代欧洲马其顿帝国的国王亚历山大大帝 (Alexander the Great or Alexander III of Macedon, 公元前 356—前 323 年) 所统治，亚历山大死后，其部将托勒密一世 (Ptolemy I) 占领了埃及，建立了托勒密王朝 (Ptolemaic Dynasty)，托勒密也自称为法老，此时，埃及已经彻底在外族人统治之下。随后古罗马崛起，成为地中海世界大国，埃及被古罗马占领。公元 641 年埃及被阿拉伯人征服，此后，古埃及原有的文明逐渐被阿拉伯文明所取代。

尼罗河的河水 80% 以上由埃塞俄比亚高原提供，其余的水来自东非高原湖。尼罗河全长 6671km，流经埃及境内尼罗河的河段虽然只有 1350km，却是自然条件最好的一段，平均河宽 800~1000m，深 10~12m，水流平缓。洪水到来时，河水淹没两岸农田，洪水退后，留下一层厚厚的淤泥，形成肥沃的土壤。5000 年前，埃及人就知道了如何掌握洪水的规律和利用两岸肥沃的土地。很久以来，尼罗河的河谷一直是棉田连绵、稻花飘香，在撒哈拉沙漠和阿拉伯沙漠的左右夹持中，蜿蜒的尼罗河犹如一条绿色的走廊，充满无限生机。我们可以从古代埃及陵墓和神庙的雕刻、壁画中看到昔日居住在尼罗河两岸人民生活与劳动的情景和丰收的喜悦。

埃及古代法老最早的坟墓是方形平台式的石砌陵墓，古王国时期埃及北部塞加拉区 (Saqqara) 具有代表性的石室陵墓是麦勒鲁卡石室墓 (Mastaba of Mereruka)，麦勒鲁卡曾任大祭司，他的陵墓是塞加拉地区最大的贵族陵墓，据说有 32 间墓室。麦勒鲁卡陵墓中描绘畜牧业生产的彩色浮雕形象真实，中间部分 3 头牛的牛角和牛腿的交叉组合构图很好，似乎可以作为教学的范例。

新王国时期森尼杰姆陵墓 (Tomb of Sennedjem) 中表现农业丰收的壁画堪称佳品，不仅艺术水平高超，农业活动的情景也表现得最充分。森尼杰姆是古埃及新王国时期第 19 王朝的工匠和艺术家。森尼杰姆墓葬室尽端墙上的壁画犹如"连环画"，壁画内容丰富，下面两条横幅是丰盛的果树，中间的两条横幅描绘的是农业丰收的过程，上面的横幅表现的是葬礼仪式，拱顶下对称的画面表达的是陵墓主人崇拜的神祇，中间是太阳神，两侧是象征月神的狒狒。

新王国时期的尼巴蒙陵墓 (Tomb of Nebamun) 中的壁画描绘的是农业生产场景，被视为当时日常生活的写照，壁画绘制于约公元前 1350 年，尼巴蒙是当时的谷物总监，本书介绍的是在纽约大都会博物馆展出的复制品片断。伦敦大英博物馆中有两幅出自尼巴蒙陵墓的珍贵墓葬壁画，一幅是"湿地中的尼巴蒙一家"，描绘英俊潇洒的尼巴蒙和妻女在芦苇船上狩猎，湿地充满了生机勃勃的动物，包括容易

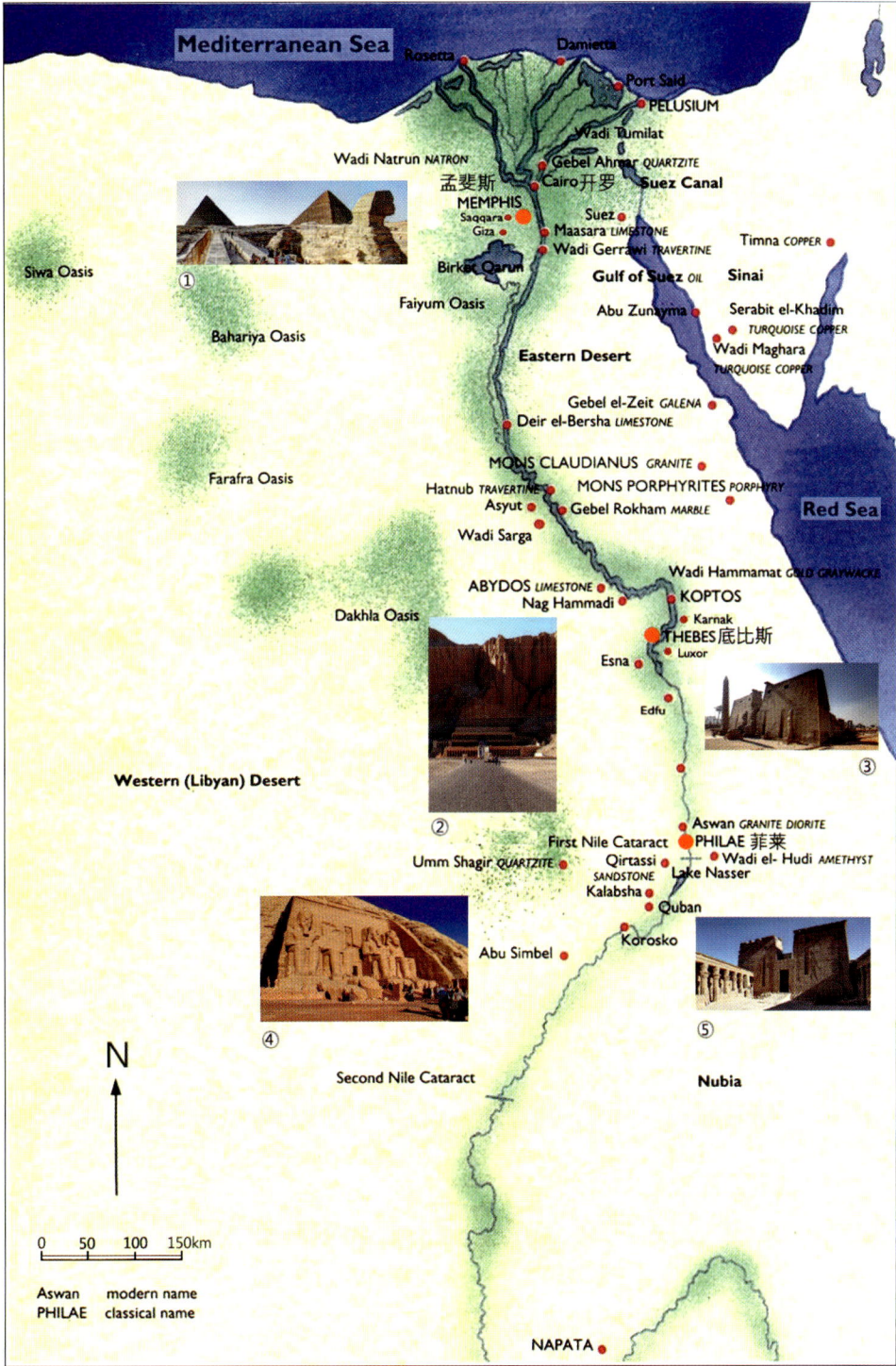

Mediterranean Sea

Rosetta
Damietta
Port Said
PELUSIUM
Wadi Tumilat
Wadi Natrun NATRON
Gebel Ahmar QUARTZITE
孟斐斯　Cairo 开罗　Suez Canal
MEMPHIS
Saqqara　Suez
Giza　Maasara LIMESTONE
Wadi Gerrawi TRAVERTINE
Timna COPPER
Birket Qarun
Gulf of Suez OIL　Sinai
①
Faiyum Oasis
Abu Zunayma　Serabit el-Khadim
TURQUOISE COPPER
Siwa Oasis
Wadi Maghara
TURQUOISE COPPER
Bahariya Oasis
Eastern Desert
Gebel el-Zeit GALENA
Deir el-Bersha LIMESTONE
Farafra Oasis
MONS CLAUDIANUS GRANITE
Hatnub TRAVERTINE　MONS PORPHYRITES PORPHYRY
Asyut　Gebel Rokham MARBLE
Red Sea
Wadi Sarga
Wadi Hammamat GOLD GRAYWACKE
ABYDOS LIMESTONE　KOPTOS
Nag Hammadi　Karnak
Dakhla Oasis　THEBES 底比斯
Esna　Luxor
Edfu
③
Western (Libyan) Desert
②
Aswan GRANITE DIORITE
First Nile Cataract　PHILAE 菲莱
Umm Shagir QUARTZITE　Qirtassi　Wadi el- Hudi AMETHYST
SANDSTONE　Lake Nasser
Kalabsha
Quban
Korosko
Abu Simbel
④
⑤
N

Second Nile Cataract　Nubia

0 50 100 150km

Aswan　modern name
PHILAE　classical name

NAPATA

1-1　古代埃及建筑名作分布图
　　1- 吉萨金字塔群；2- 哈特谢普苏特的陵墓；3- 卢克索神庙；
　　4- 阿布辛拜勒的拉美西斯二世神庙；5- 菲莱的伊西斯神庙

005

1-2	1-3
1-4	1-5

1-2　古王国时期塞加拉地区的麦勒鲁卡石室陵墓

1-3　麦勒鲁卡陵墓入口

1-4　麦勒鲁卡陵墓丧葬室

1-5　麦勒鲁卡陵墓浮雕下方有宰杀牲畜的场景

1-6

1-7

1-6 麦勒鲁卡陵墓浮雕描绘丰收的妇女

1-7 麦勒鲁卡陵墓描绘牧民生活的彩色浮雕

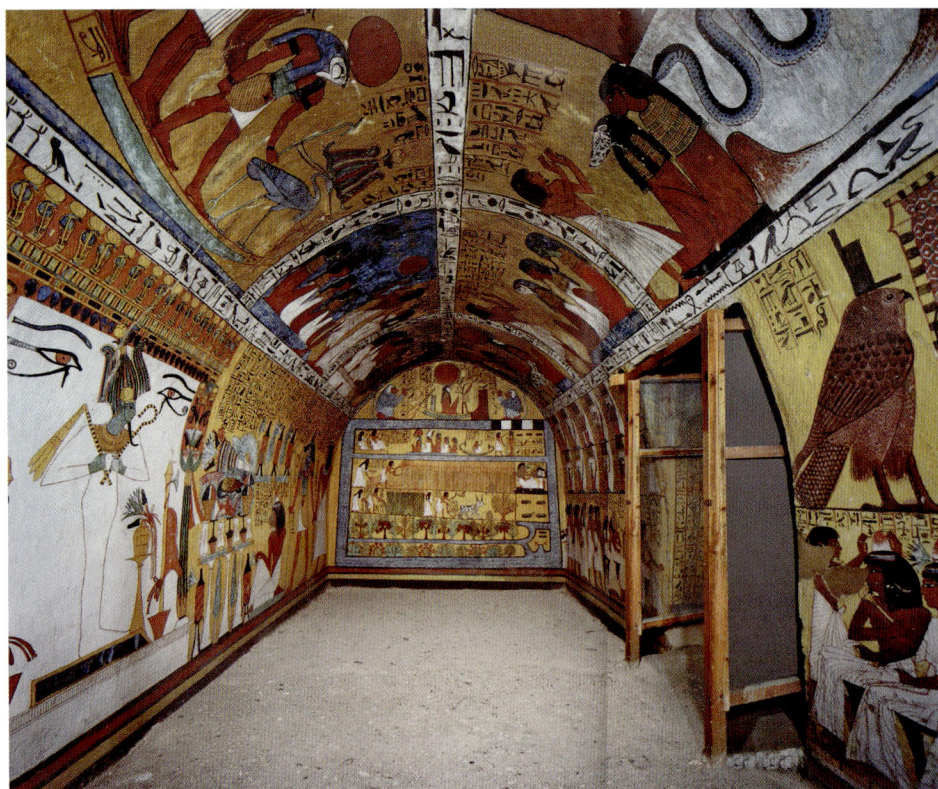

1-8 新王国时期森尼杰姆陵墓的墓葬室透视

1-9 森尼杰姆陵墓墓葬室尽端壁画

1-10　森尼杰姆陵墓墓葬室尽端壁画中表现农业丰收的情景

1-11　新王国时期尼巴蒙陵墓描绘农业生产场景

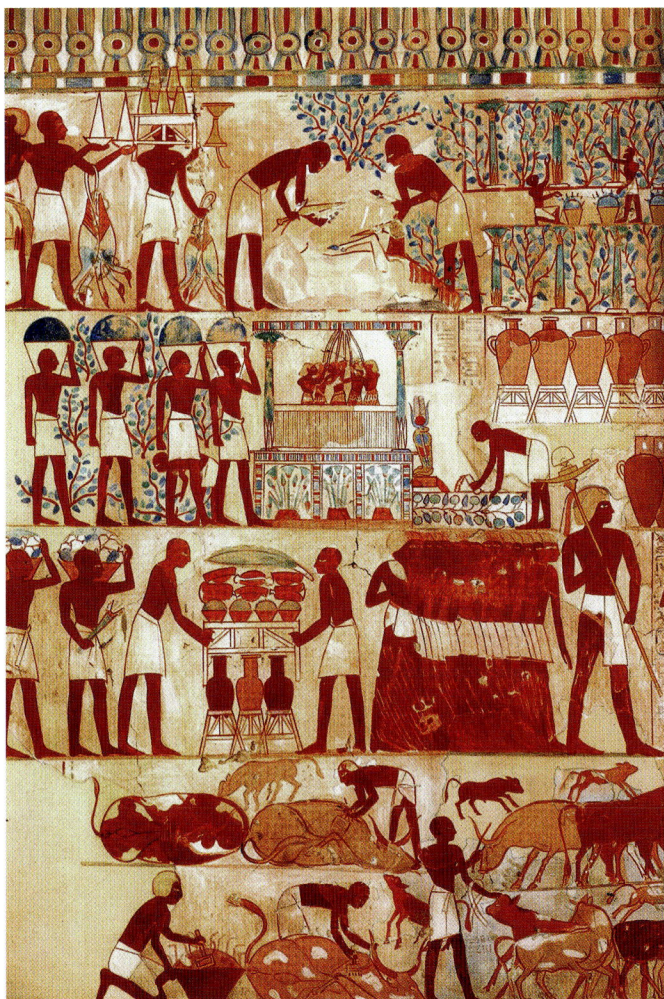

1-12

1-13

1-12 尼巴蒙陵墓壁画"湿地
中的一家"

1-13 尼巴蒙陵墓壁画，描绘清
点牛群的场景，检查人
员在画面的左侧

识别的鸟、鱼和高高跃起的虎斑猫，这幅珍贵壁画并不完整。另一幅出自尼巴蒙陵墓的壁画描绘清点牛群的场景，检查人员在画面的左侧。

1.2 古代埃及的信仰和宗教
The Beliefs and Religions of Ancient Egypt

古代埃及人最早信仰、崇拜多神，神有多种形象，有些神具有人的形象，有些神则具有其他形象，如动物、植物和星辰等。此外，不同地区也有不同的神祇，据说古埃及的神祇多达 2000 之众。这种多神崇拜起源于原始社会的图腾崇拜，在埃及统一前的各个小部落中，人们都崇拜各自不同的神，随着美尼斯统一埃及全境，法老开始推行各自出生地的神，使其成为主神，由全埃及共同崇拜。古王国时期，埃及的主神是鹰神荷鲁斯 (Horus)，古王国后期的主神改为太阳神"拉" (Ra，有时拼作 Rah，较为准确的应为 Ré)，荷鲁斯成为法老的守护神。中王国时期主要崇拜太阳神"阿蒙" (Amun or Amon)，新王国时期将"拉"和"阿蒙"相结合，形成主神"阿蒙拉" (Amun-Ra)。在国家统一崇拜主神的同时，各个地区仍然崇拜原来的地方神祇。此外，神祇也有不同的职责，有的是农业神，有的是阴间神，还有工匠技师之神。

法老是神的化身或代言人，具有神的特性，比如自称阿蒙霍特普 (Amenhotep) 的法老就是用阿蒙神的名字作为自己称号的一部分。法老被称为神王，拥有行政、司法和军队的最高权力，同时也是主神的大祭司。绘画中出现的神祇和法老常常一手执权杖 (crook)，一手持生命之符 (Ankh symbol or key of life)，表示对埃及人有生杀大权。生命之符 (符号：♀)，又称安卡，拉丁文称此符为"有柄的十字"，是埃及象形文字圣书体的字母，古埃及的神祇单手持生命之符或两手各执生命之符，交叉双手放于胸前。古埃及人以生命之符作为护身符，有时会加上另外两个分别代表"力量"和"健康"的字母，古埃及的镜子也通常制作成生命之符的形状。古埃及的神祇也各自有特殊形象，在神庙、陵墓的雕刻和壁画中到处可见，例如太阳神的头上要顶着"圆形的太阳"。本书选择了部分有代表性的神祇形象，帮助读者在雕刻和壁画中识别。

大英博物馆中有两幅古埃及的纸莎草纸画《大哈里斯纸莎草纸卷》(Great Harris Papyrus)，约绘制于公元前 1150 年，两幅纸莎草纸画均高 42.5cm。其中的一幅是描绘拉美西斯三世 (Ramesses III) 头上戴有斑纹的包头巾 (nemes or head cloth)，头上高悬太阳光盘 (sun-disk)，面向孟菲斯主神卜塔 (Ptah)、卜塔的妻子

塞赫迈特 (Sekhmet) 和卜塔之子内菲尔特穆 (Nefertem)，俗称"孟菲斯三圣"。③
另一幅古埃及的纸莎草纸画描绘拉美西斯三世面向太阳神拉—哈拉胡提 (Ra-
Horakhty)、创造之神阿图姆 (Atum)、女神优萨丝 (Iusaas) 和爱神哈索尔 (Hathor)。④
在两幅绘画中，神祇的身材苗条、服装"新潮"，令人回味。大英博物馆中还有一
块浮雕，是古埃及的水神与创造之神克奴姆 (Khnum) 的半身雕像，这位神祇虽然
身躯为人形，头部却是长着触角的公羊，浮雕高 45cm，制作于公元前 1300 年，
这种人与动物相结合的神祇形象在古埃及经常出现。

　　古埃及人极重视宗教信仰，法老们建造了巨大的神庙，在祀拜神祇的同时也
宣扬了个人的权威。新王国时期，通过武力扩张，积累了空前的财富，几代法老在
位期间相继修建神殿。重视宗教的另一个影响就是神职人员的权力过大，除法老之
外，负责祭祀主神的祭司称为大维奇尔 (Grand Vizier)，大维奇尔相当于宰相，拥
有国家第二大权力，有时会超过法老的权力，甚至可以成功篡权，成为新法老。鉴
于上述情况，在埃及第 18 王朝后期，阿蒙霍特普四世 (Amenhotep IV) 进行了宗
教改革，他反对多神论，认为只有一个太阳神，并将主神阿蒙 (Amun or Amon) 改
为阿顿 (Aten)。阿顿虽然也是太阳神，但是阿顿没有人形，阿顿仅仅是太阳和宇宙
的创造者。阿蒙霍特普四世关闭所有崇拜旧神的神殿，修建供奉新神阿顿的神殿，
他自己也改名为阿肯那顿 (Akhenaten)，亦译埃赫那顿，意为阿顿神的仆人。阿肯
那顿在位 17 年，公元前 1336 年或 1334 年去世。由于社会的习俗形成已久，阿
肯那顿死后不久，阿蒙神又重新成为主神，祭司们的权力也被恢复，宗教改革最终
失败。埃及博物馆中一块阿肯那顿带领全家向太阳神阿顿祈祷的浮雕，显示太阳神
主神阿顿没有人形，仅仅是太阳，浮雕成为历史的见证。

　　古代埃及人认为死亡并不意味着生命的终结，人死后还可以复活，尸体如能
完好地保存下来，灵魂得以寄托，复活的灵魂需要原先的身躯，因此，他们发明了
尸体的防腐法。受这种"来世观念"的影响，古埃及人活着的时候就充满信心地为
死后作准备,尤其是帝王和贵族,他们用各种方法装饰自己坟墓,以求死后获得永生。

　　在森尼杰姆陵墓中有一幅壁画显示的是管理阴间事务的阿努比斯神 (Anubis)
为尸体涂防腐香料，制作木乃伊。在大英博物馆中，有一组描述《死亡之书》
(Book of Dead) 的墓葬画，其中最有名的一幅墓葬画名为"张开口"(opening of

---

③ 卜塔是古埃及孟菲斯地区信仰的造物神，万物的创造者，而后演变成工匠与艺术家的保护者，也是
　孟菲斯的主神。根据古埃及神话传说，塞赫迈特是一个拥有狮子头部和女人躯体的女神，她的名字
　的意思是"强大、非凡和暴烈"，面孔有时为绿色。卜塔之子内菲尔特穆被传说是荷花盛开时出现
　的神，象征太阳的升起，也是创造之神。纸莎草纸画冠以哈里斯之名，是因为该画最初的主人是哈
　里斯 (A.C.Harris)，1872 年该画转给大英博物馆。
④ 拉—哈拉胡提是太阳神拉与荷鲁斯神的结合，此处的荷鲁斯代表天空或地平线，因此拉—哈拉胡提
　表示正在升起的太阳神。阿图姆是创造之神，优萨丝是第一位女神，或称女神的祖母。

the mouth)，描绘木乃伊进入墓葬室前的仪式，画在纸莎草纸上，画面高 39cm，绘制时间约为公元前 1300 年。[⑤] "张开口"墓葬画的木乃伊是赫尼弗 (Hunefer)，他曾经是法老的抄书吏。在"张开口"墓葬画中，木乃伊前面的两位白衣女人是他的妻子和女儿，她们正在向木乃伊哀悼，女人身后的 3 位祭司向木乃伊奉献祭品，似乎是象征性地使死者能张口进食，为复活作准备。木乃伊身后是伴送他的导引亡灵之神阿努比斯，或许是戴着阿努比斯面具的祭司，画面右端的白色尖顶建筑物是陵墓，陵墓下面画有入口，上面画有象征性的金字塔，陵墓入口旁立着墓碑，墓碑的尺度超过正常比例，为了显示碑上的颂词。"张开口"墓葬画下方还有祈祷仪式的另一个祭奠场景，图中 2 位祭司正准备宰杀他们身后的小牛，奉献神灵，小牛的母亲在表达悲痛，祭司前面是宰杀牲畜的全套工具。[⑥]

另一幅引自《死亡之书》的名画约制作于公元前 1250 年，画面高 25.5cm，站在前面的是手持权杖的主管阴府之神奥西里斯 (Osiris)，中间是手持生命之符的河马女神 (hippopotamus -goddess Ipet)，河马女神前面有一组祭品，紧随其后是以牛形出现的爱神哈索尔，哈索尔隐藏在纸莎草丛中，右下角有象征陵墓的白色建筑衬托，画面色彩淡雅，构图完美，有些像是画给儿童的卡通画。大英博物馆中另有一幅画在纸莎草纸上的装饰画，描绘古埃及的葬礼，绘制于公元前 1 世纪，画面高 23.5cm。画面上方描绘死者制成木乃伊后放在船形的载体上，拖向方尖碑处的墓地，最终在拉—哈拉胡提神的面前净化。画面下方描绘导引亡灵之神阿努比斯在地下世界之门 (Underworld's Portrals) 的 12 位护卫的护持之下，对尸体进行防腐保护。

大英博物馆中有一块西克莫木 (sycamore wood) 制作的彩绘墓葬碑，高 33.2cm、宽 27cm，约制作于公元前 945—前 715 年。墓葬碑描绘墓碑的主人向太阳神奉献的场景，墓碑的主人德尼厄洪斯 (Deniuenkhons) 是太阳神的乐师，太阳神的头部为猎鹰形象，墓碑的主人举双手向太阳神表示赞颂，在他前面是丰盛的祭品。墓葬碑拱顶下显示的是与太阳神有关的符号，最上面是带翼的太阳光盘，光盘

---

⑤ 《死亡之书》是古埃及流传下来最著名的文献，用来帮助死者在来世渡过难关并得到永生的一种咒语。通常这些咒语会写在纸莎草纸上，放入棺木中，作为陪葬物品。

⑥ 据说赫尼弗版本的《死亡之书》共有 3 幅墓葬画，本书只介绍了第一幅画，第二幅墓葬画是木乃伊在地下接受"检测"，检测的过程包括阿努比斯用天秤量测木乃伊的心脏。第三幅墓葬画是木乃伊通过检测后的喜悦，图中有荷鲁斯、奥西里斯、伊西斯和死者的守护神奈芙蒂斯 (Nephthys)，诸神共同为死者祝贺。

⑦ 圣甲虫在古埃及文化中占据重要地位，古埃及人把它作为"护身符"，戴在身上能得到神的庇佑，远离痛苦与危险环境，即使死亡之后，护身符也会伴随着死者前往冥界。一般圣甲虫护身符长 1~5cm，多用紫水晶、青晶石、碧玉等珍贵石材制成。圣甲虫也称蜣螂，我国俗称屎壳郎，圣甲虫以粪便为食，它们是大自然的垃圾清除者。据非洲科学家的报告，在 1 摊大象的粪便上，曾经数出约 16000 只圣甲虫，2 小时后，粪便被圣甲虫运走了，因此，引起人们的尊重。圣甲虫的身体外面套着青铜色或深蓝色光芒的盔甲，古代埃及人将它们作为图腾。

下是圣甲虫 (scarab)，圣甲虫两侧是引导亡灵之神阿努比斯的豺狼像。[⑦] 大英博物馆中有一幅令人赏心悦目的绘画，绘制在木材上，画面高 2.09m，制作时间约为公元前 950—前 900 年。这幅画描绘的是主人向太阳神拉—哈拉胡提—阿图姆 (Ra-Horakhty-Atum) 奉献食物，墓葬主人是太阳神阿蒙的祭司，图中的太阳神和曾任祭司的丧葬主人均戴假发和头饰，犹如美女，奉献的食物也很丰富。

　　古埃及的信仰和宗教很复杂，大英博物馆有一幅壁画，描绘空气之神舒 (Shu)用自己的身体支撑着天空女神努特 (Nut)，空气之神以指尖和足尖着地，身体呈弓形，大地之神盖布 (Geb) 斜卧在地上。也有人解释为：空气之神以身体强制分开大地之神和天空女神，使自己的身体成为天空，此后，得以生育奥西里斯、伊西斯 (Isis)、塞思 (Seth) 和奈芙蒂斯 (Nephthys)4 位神祇。[⑧] 古埃及人对神祇的职能常有不同的解释，并且以人间万象理解神祇的生活，甚至把神祇间牵扯上血缘关系，此外，神祇常戴假发，有时还以兽形出现，后人很难准确区分。为了澄清神与神之间的关系，后人整理了一份 "赫利奥波利斯的 9 位主神" (The Ennead of Heliopolis)，赫利奥波利斯是埃及开罗东北的一处圣地，是埃及最古老的城市之一，昔日被称为太阳城 (City of the Sun or City of Helios)，9 位主神：太阳神阿图姆是赫利奥波利斯的地主、自我造化之神 (self-created god)，太阳神还创造了空气之神舒和雨神泰芙努特 (Tefnut)，有人认为太阳神是两性神 (bisexual god)，也有人以为太阳神是最完整的神 (the complete one)。此后，空气之神和雨神又孕育出大地之神盖布与天空女神努特，当奥西里斯、伊西斯、塞思和奈芙蒂斯 4 位神祇出生后，大地之神盖布和天空女神努特便被空气之神分开。[⑨]

　　在开罗埃及博物馆中，最令人震撼的展品是图坦卡蒙法老的棺椁和陪葬品。[⑩] 图坦卡蒙的宝座 (Throne of Tutankhamun) 是木制的，镶嵌着金、银和珠宝饰物，宝座的背板最为突出，背板的彩色雕刻展示了王后正为国王涂油，这是古埃及的一种宗教仪式，上方的金色阳光洒向身着银袍的国王夫妇，人物形象生动，画面金碧辉煌。[⑪] 图坦卡蒙的棺椁独具一格，外廓共有 3 层，木椁包金，每个木椁的大小恰好卡进另一个木椁，制作精细，最外层的包金木椁长 5m，宽 3.3m，高 2.75m，

---

⑧ Lynn Meskell. Private life in New Kingdom Egypt[M]. Princeton: Princeton University Press, 2002:62.

⑨ 引自 "Egyptian mythology－Wikipedia, the free encyclopedia"。

⑩ 图坦卡蒙 (公元前 1334—前 1325) 是古埃及新王国时期第 18 王朝的法老，8 岁登基，19 岁去世。图坦卡蒙广为熟知是因为他在帝王谷的坟墓，他的坟墓在 3000 年的时间内从未被盗，直到 1922 年被英国人霍华德·卡特 (Howar Carter) 发现，挖掘出近 5000 件珍贵陪葬品，震惊了西方世界，图坦卡蒙墓葬的重要文物均珍藏在开罗的埃及博物馆。

⑪ 关于图坦卡蒙的身世尚有争议，普遍认为图坦卡蒙是阿肯那顿的妾室琪雅 (Kiya) 所生，琪雅去世较早，由王后娜芙蒂蒂 (Nefertiti) 抚养，娜芙蒂蒂非常喜爱图坦卡蒙，便将自己和阿肯那顿的女儿安荷森纳蒙 (Ankhesenamun) 许配给图坦卡蒙，这一对相差 4 岁的异母姊弟彼此深爱对方，但是他们的两个孩子均因难产去世。

Amun 阿蒙——埃及主神	Re 拉——太阳神	Hathor 哈索尔——爱神	Maat 玛特——主持真理的女神
Anubis 阿努比斯——引导亡灵之神	Khonsu 孔斯——月神	Horus 荷鲁斯——法老的守护神	Mut 姆特——阿蒙神的妻子
Atum 亚图姆——创世神	Isis 伊西斯——最强大的女神	Osiris 奥西里斯——司阴府之神	Khnum 库努牡——造物之神

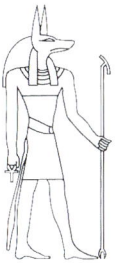

1-14

1-15

1-14 古代埃及部分有代表性
的神祇形象

1-15 拉美西斯三世面向太阳
神拉—哈拉胡提等4位
神祇

1-16 拉美西斯三世面向卜塔
等3位神祇

1-17 古埃及的水神与创造之
神克努姆

1-18 阿肯那顿带领全家向太
阳神阿顿祈祷的浮雕，
显示主神阿顿没有人形
仅仅是太阳

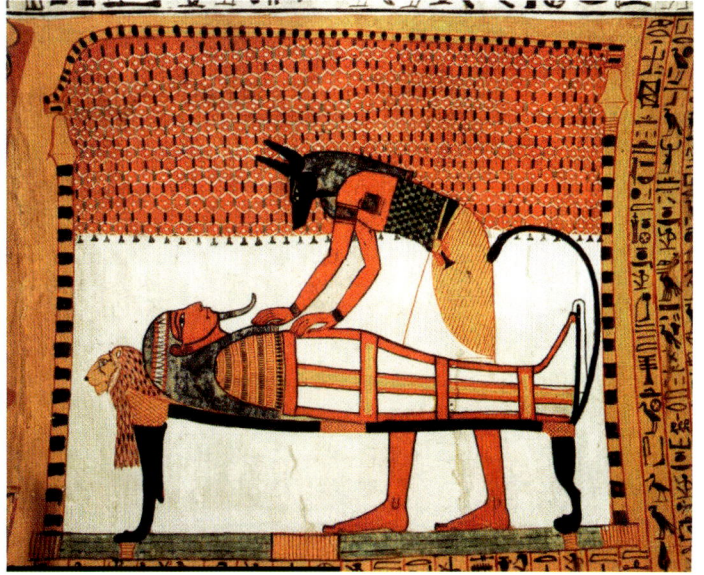

1-19　管理阴间事务的阿努比斯神为
　　　尸体涂防腐香料制作木乃伊

1-20　木乃伊进入墓室前的祈祷仪式
　　　"张开口"

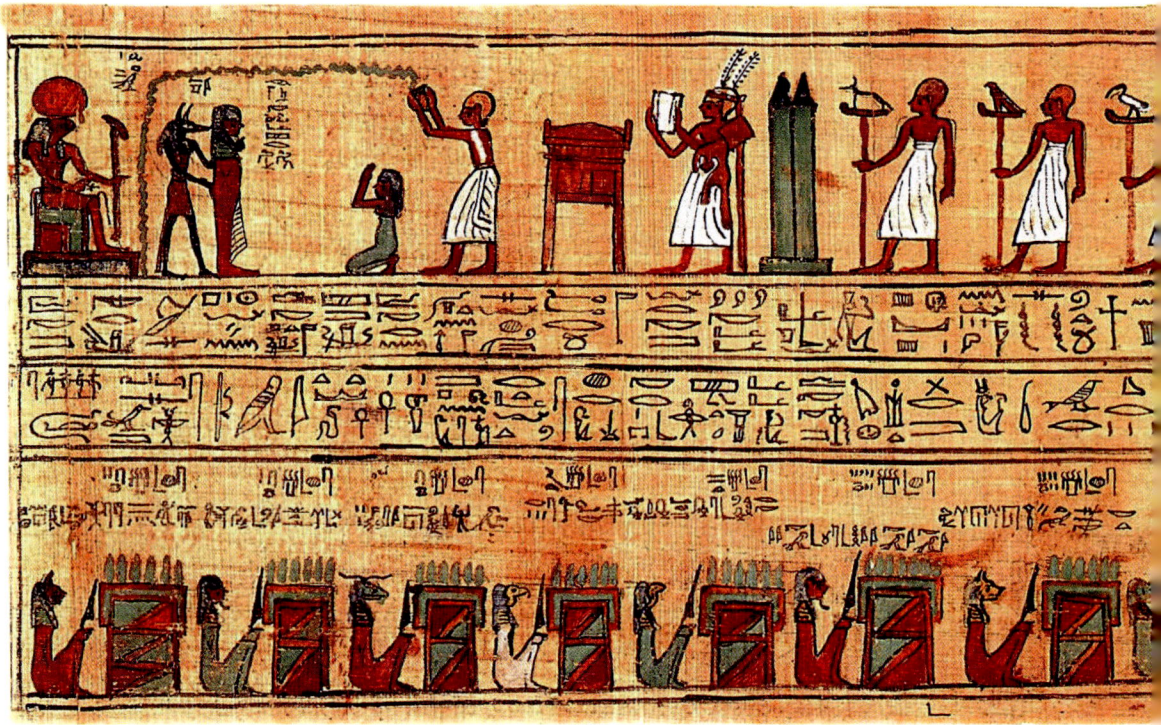

1-22

1-23

1-21

1-21 描绘丧葬仪式的绘画，前面是阴府之神奥西里斯，中间是河马女神，紧随其后的是以牛形出现的爱神哈索尔

1-22 描绘古埃及葬礼的装饰画

1-23 主人向太阳神奉献的木制彩绘墓葬碑

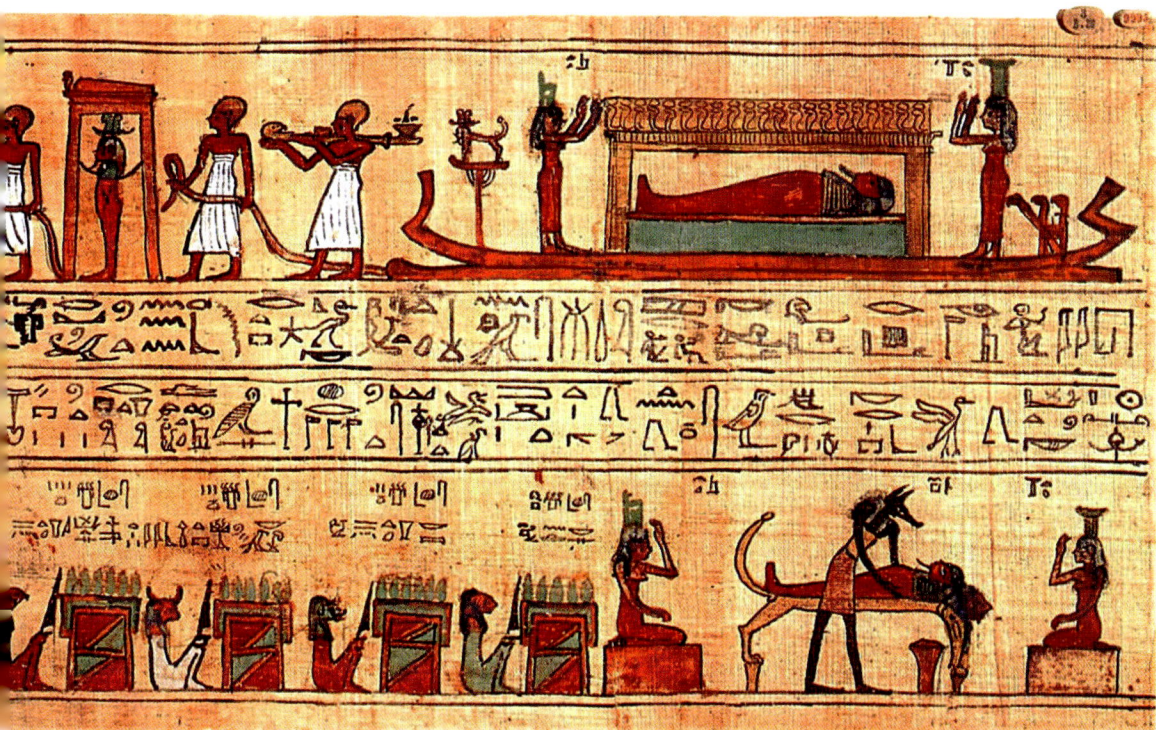

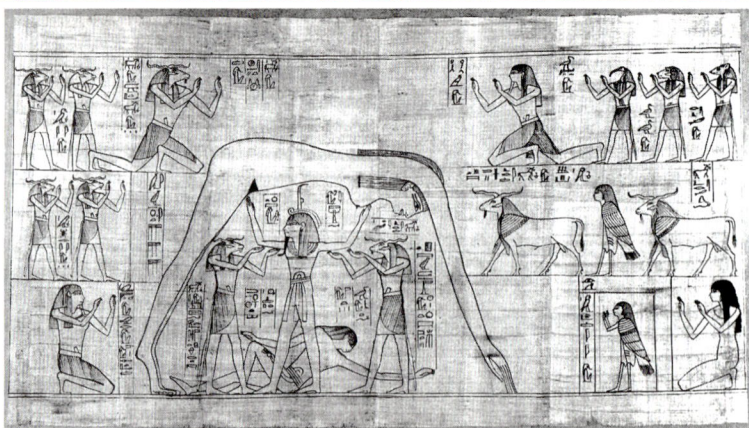

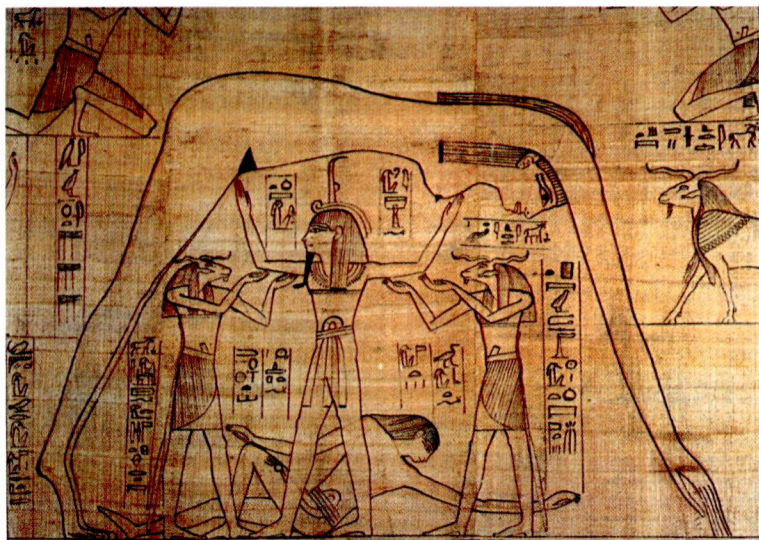

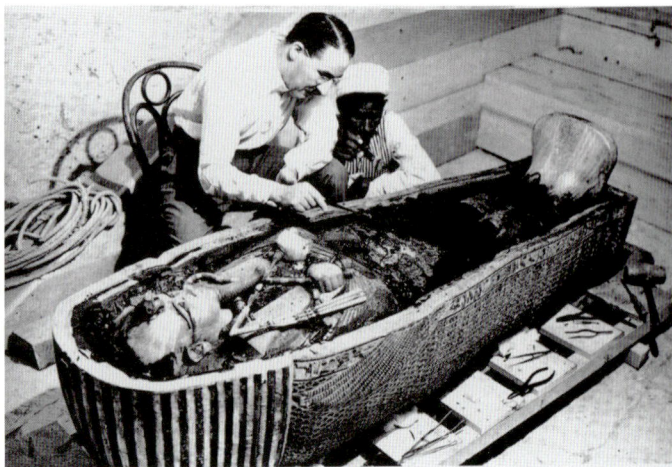

1-30　图坦卡蒙的陪葬品——引导亡灵之神阿努比斯豺狼像的头部

1-31　阿努比斯豺狼像侧面

1-32　图坦卡蒙法老的宝座

1-33　发现古埃及法老图坦卡蒙墓穴的考古学家霍华德·卡特

几乎充斥了墓室。图坦卡蒙的人形内棺 (anthropoid coffin) 也有 3 层，最内层的人形棺由 22K 黄金打造，重 110.9kg，人形金棺表面的装饰令人惊叹。此外，图坦卡蒙的木乃伊饰有黄金面具 (burial mask)，形象高贵、典雅，黄金面具重约 10.23kg，面具上的蓝色条纹是嵌入黄金的矿物颜料，由于提取方法复杂，价格昂贵，被称为"蓝金"。⑫

从图坦卡蒙的人形内棺可以看到古埃及象征王权的符号，图坦卡蒙王冠前额部位镶有猎鹰和眼镜蛇两种标志，猎鹰为上埃及的守护神，眼镜蛇为下埃及的守护神，分别代表法老的统治领域，具有两种标志代表法老是一统上、下埃及的统治者。假胡须也是王权的象征，假须外观多平直，图坦卡蒙黄金面具及人形棺椁上的假须模仿奥西里斯胡须的形式，呈发辫式且底端微翘，表示法老已逝世，并且成为阴府之神奥西里斯的化身。图坦卡蒙人形内棺的双手在胸前交叉，执握着双权杖，两支权杖代表着至高无上的权势。

1.3　迷人的古埃及象形文字与古代埃及的科学技术

Enchanting Hieroglyphs of Ancient Egypt and The Science and Technology of Ancient Egypt

在古王国建立之前的涅伽达文化 (Naqada culture) 时期，埃及人便开始使用符号进行书写，此后发展成为一套完善的埃及象形文字系统，这种文字是人类最古老的书写文字之一，刻在古埃及的墓穴、纪念碑和庙宇的墙壁或石块上，因此也称为埃及圣书体 (Egyptian Hieroglyphs)。

古埃及象形文字是一种意音文字，包含 3 种符号：音符、意符和限定符。埃及象形文字表形、表意和表音相结合，意符和音符都源于图形。令人感兴趣的是：埃及的象形文字可以横写也可以竖写，可以向右写也可以向左写，识别方向根据动物字符头部的指向判断，确定书写方向依据审美的原则，使"单词单元"布局均衡，书写象形文字也是一种审美的训练。随着象形文字的发展和普及，出现了象形文字

---

⑫ 据 2014 年 10 月 19 日英国《每日邮报》报道，公元前 14 世纪的埃及少年法老王图坦卡蒙身上有许多谜团。科学家近日利用"虚拟解剖"技术还原图坦卡蒙的面容和身形，发现他是个有畸形足、龅牙和女性般丰臀的人，也证实了图坦卡蒙死于家族遗传病。

的世俗体 (Egyptian demotic script)，世俗体适合于在纸莎草 (Papyrus) 制成的纸上书写，相当于汉字的行书，圣书体则继续用于镌刻。

纸莎草制成的纸是古埃及人广泛采用的书写介质，它以当时盛产于尼罗河三角洲的纸莎草的茎为原料制成。纸莎草是一种形状似芦苇的水生植物，分布遍及沼泽、浅水湖和溪畔等潮湿地区。纸莎草可高达 4.5m，茎的根部直径约 6~8cm，花朵长在茎的顶部，呈扇形花簇，纸莎草茎的断面呈三角形。制作纸莎草纸时先将纸莎草茎的外皮剥去，用小刀顺生长方向切割成长条，横竖互相叠放，用木槌击打，使草汁渗出，干燥后，横竖叠放的长条就粘在一起，形成薄片状的"纸莎草纸"，最后用浮石擦亮，即可使用。约在公元前 3000 年，古埃及人就开始使用纸莎草纸，并将这种特产出口到古希腊等古代地中海文明地区，甚至遥远的欧洲内陆和西亚。纸莎草纸在英语中写作 papyrus，也是英文中"纸" (paper) 一词的词源。埃及人将纸莎草纸称为 pa-per-aa，意思是"法老的财产"，表示法老拥有对纸莎草纸生产的垄断权。纸莎草纸成为当时最先进的书写载体，是古埃及文明的重要组成部分，比中国蔡伦发明的纸还早 1000 多年，成为后世学者研究古埃及文明的重要文献。由于纸莎草纸不适宜折叠，不能做成书本，因此须将许多纸草片粘成长条，书写或绘画后卷成一卷，形成卷轴，在纸莎草纸上制作的绘画是今日埃及的重要工艺品。

埃及象形文字中最简单的表达方式如：⊙"太阳"，⌣"山"，▭"房子"。

埃及象形文字中稍微复杂的表达方式如：代表"达到生育年龄的女孩子"。

本书将埃及象形文字中表音符号系统 (alphabet) 与相对应的发音和含义列制成图表，在伦敦大英博物馆中还有一段埃及象形文字书写的颂词，供读者欣赏。[13]

慕尼黑国家博物馆中有一块由瓷砖粘贴出的象形文字圣书体，表达第 19 王朝法老拉美西斯二世的王位名称，高 26.5cm，公元前 1250 年制作。埃及博物馆中有一幅画在木板上的两枚图坦卡蒙法老的圣书体印章，一枚印章是图坦卡蒙的出生姓名，另一枚印章是图坦卡蒙的王位名称，印章旁是后加的说明，印章源自图坦卡蒙的陵墓。

大英博物馆中有一座库什 (Inebni) 的石灰石雕像，库什是哈特谢普苏特 (Hatshepsut) 女王的财务大臣，雕像高 51.5cm，雕像的铭文采用的是象形文字的圣书体，凹下去的文字填上蓝色矿物质颜料，非常醒目。大英博物馆保留的写在纸莎草纸上的世俗体象形文字有许多，这里展示的是一份记录借款的文件，文件高 23cm，采用重叠文献 (double document)，即一式两份的方法。大英博物馆中还有一份描绘佩恩杰姆二世 (Paynedjem II) 向奥西里斯作奉献的纸莎草纸画，画面上用的也是象形文字的圣书体，并在左侧增加了世俗体象形文字说明。

⑬ Giorgio Agnese and Maurizio Re. Ancient Egypt:Art and Architecture of The Land of The Pharaos [M]. Vercelli:White Star S.r.l.,2004:133,135.

公元前 47 年，古罗马的恺撒大军攻入亚历山大城，纵火焚烧了亚历山大图书馆，70 万卷图书毁于一旦，公元 391 年，古罗马的最后一位君主迪奥多西一世 (Theodosius Ⅰ) 颁布法令，关闭所有的异教神庙，古埃及文化因而出现断层，至公元 5 世纪中叶，埃及已经无人能够读懂古埃及象形文字撰写的文献。1799 年，拿破仑的远征军在埃及的朱利安要塞 (Fort Julian) 废墟中筑造工事，一位不知名的士兵发现了一块石碑，引起指挥官皮埃尔·弗朗索瓦·布夏尔 (Pierre-François Bouchard) 的注意，石碑被运到开罗，公元 1801 年，法国战败，石碑和其他文物被运到伦敦的大英博物馆。法军中的一位上尉将碑文拓片复制了一份，交给了他的堂弟，这位堂弟日后成为埃及古物学 (Egyptology) 的创始人，他就是揭开了埃及象形文字之谜的让—弗朗索瓦·商博良 (Jean-Françoist Champollion，1790—1832 年)，那块石碑就是著名的罗塞塔石碑 (Rosetta Stone)。⑭

罗塞塔石碑是公元前 196 年托勒密王朝时期用花岗闪长岩刻制的石碑，石碑上刻有埃及国王托勒密五世 (Ptolemy V) 的诏书，石碑上的碑文以希腊字母、古埃及圣书体象形文字和古埃及世俗体象形文字 3 种文字对照雕刻而成，由于是 3 种文字刻制的同一种内容，使精通希腊语的商博良通过希腊语破解了古埃及的象形文字。

古埃及人在公元前 3000 年已经开始运用数学，他们用象形文字记载了数学的十进制，并且会运用分数，如 1/3、2/3 等。

象形文字表达十进位数字

1	10	100	1000	10000	100000	1000000

从考古发现的文献资料证实，古埃及人会运用勾股定理，同时也会估算圆形的面积，估算圆形面积的方法是将直径减去 1/9 后再开平方，近似今日圆面积的计算公式。⑮

$$圆面积 \approx [(^8/_9)D]^2 = (^{256}/_{81})r^2 \approx 3.16r^2$$

---

⑭ 让·弗朗索瓦·商博良是法国著名历史学家、语言学家和埃及古物学的创始人，他是第一位破解古埃及象形文字的专家。商博良具有出色的语言天赋，20 岁时就已经掌握了除法语以外的拉丁语、希腊语和多种古代东方语言，包括希伯来语、阿拉伯语、古印度梵文等。罗塞塔石碑重约 762kg，石碑高 114cm，宽 72cm，厚 28cm，近似长方形，实际上，罗塞塔石碑缺少许多边角。
⑮ 1892 年，俄罗斯的埃及学者弗拉基米尔·戈列尼谢夫 (Vladimir Golenishchev) 在底比斯购到一份珍贵的纸莎草纸，纸莎草纸上有象形文字书写的数学计算公式，包括圆面积的计算，纸莎草纸的年代约为公元前 1850 年，相当于古埃及第 12 王朝，这份文献珍藏在莫斯科的普希金美术馆，被称为"莫斯科数学纸莎草纸" (Moscow Mathematical Papyrus)。

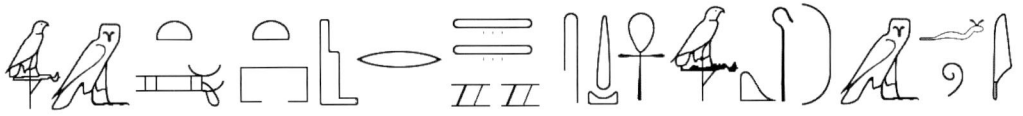

" He was Ruler – may he live, may he be well and healthy
of the Two Lands on the Throne of Atum "

Sign	Sound	Object	Sign	Sound	Object
	a (a)	Vulture		e (h)	Wick
	j (i, y)	Reed leaf		h (ch, as in "loch")	Ball of string
	y (y, y)	Reed leaves		(h, soft as in huge)	Animal belly
	o (a)	Arm		z (s, voiced)	Door bolt
	w (u, w)	Chick		s (s, unvoiced)	Cloth
	b (b)	Leg		u (sh, as in "ship")	Pool
	p (p)	Stool		q (q, as in "queen")	Slope of hill
	f (f)	Horned viper		k (k, as in "kit")	Basket
	m (m)	Owl		g (g, as in "get")	Jarstand
	m (m)	unknown		t (t)	Bread
	n (n)	Water		c (tj as in "tune")	Tethering Rope
	r (r, l)	Mouth		d (d)	Hand
	h (h)	Reed shelter		v (dj, as in "judge")	Cobra

1-34 埃及象形文字中表音符号系统与相对应的发音和含义

1-35 象形文字圣书体书写的一句颂词

Tut-ankh-Amun heka-Iunu-skhemai
Tutankhamun, Lord of southern
Heliopolis (= Thebes)

Neb-kheperu-Re
Re is the lord of manifestations

Birth name   Throne name

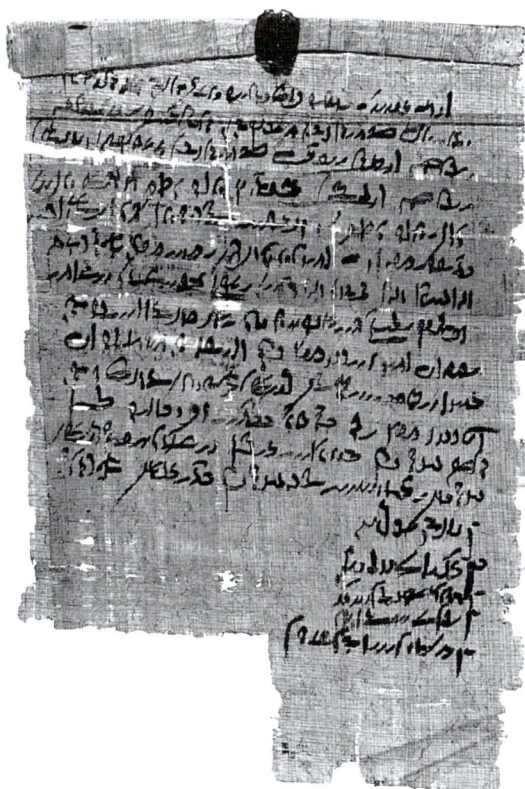

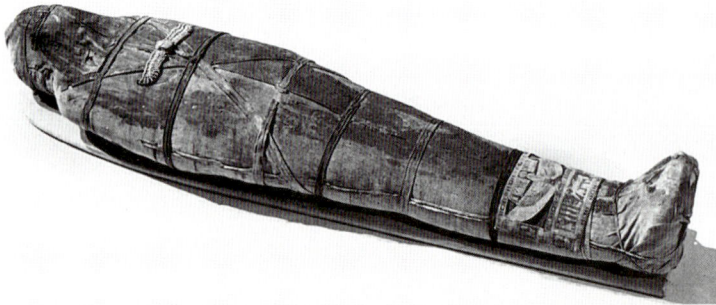

1-40	1-41
1-42	
1-43	

1-40 向奥西里斯作奉献的纸莎草纸画

1-41 著名的罗塞塔石碑

1-42 成年女性木乃伊全身用亚麻布包裹

1-43 壁画展示了当时的敞篷双轮马车和丰收时的管理制度

古埃及拥有相当水准的天文学知识，天文学知识的产生来自于对自然界的观察，古埃及人将一年定为 365 天，一年 12 个月，一个月 30 天，剩余 5 天作为节日。古埃及是世界上最早使用太阳历的国家，这种日历和我们今天使用的日历差不多。古埃及人把一年分为 3 个季节，每季 4 个月。他们还发明了 2 种计时器：水钟和以太阳倒影计时的日晷。考古学者发现古埃及人了解许多星座，如天鹅座、牧夫座、仙后座、猎户座、天蝎座、白羊座等。

古埃及的医学也很发达，尤其是对人类尸体的保护，这就是举世闻名的"木乃伊"(Mummy)[16]。古埃及陵墓的壁画中经常出现由管理阴间事务的阿努比斯神为尸体涂防腐香料，制作木乃伊。在埃及博物馆中保存有相当数量的木乃伊，本书的一幅成年女性木乃伊图片源自大英博物馆，全身用亚麻布包裹 (cartonnage)，胸前饰以带翼的圣甲虫 (scarab) 形宝石，翼上有多晶石英珠 (faience beads)，制作时间约为公元前 1070—前 664 年，女性木乃伊高 1.56m。

大英博物馆中有一幅描绘新王国时期丰收情景的壁画，画面高 43cm，源自尼巴蒙陵墓，画面左侧的农民正在校核田地界石 (boundary-stone)，画面右侧的车夫正在树荫下休息，这幅画还展示了当时"先进"的敞篷双轮马车 (chariots) 和丰收时的管理制度。

1.4 古埃及的艺术与社会生活

The Art and Social Life of ancient Egypt

古埃及最早的文明开始于下埃及的欧迈里耶 (el-Omari)、莫林达 (Merimda)，和法尤姆 (Faiyum)，由于处在撒哈拉沙漠、尼罗河流域和近东的十字路口上，文明成果易于向外交流。法尤姆因先进的石器而闻名，他们的石器展示了埃及史前石器工艺 (Lithic Technology) 的水平。莫林达是古埃及北方最大的部落之一，拥有精巧的花瓶和古王国时期流行的石制权杖。涅伽达人 (Naqada) 制造了一种被称为埃

---

[16] 木乃伊是在人工防腐情况下或自然条件下可以长久保存的人体或动物尸体，木乃伊源自波斯语 mūm，原义为蜡，欧洲人用来指古埃及涂抹防腐香料保存至今的尸体，中国自明代以来按其发音译为木乃伊。古埃及人认为人死后可以复活，而复活的灵魂需要原先的身体，因此必须保存尸体以供死者来生所需。古代埃及人制作木乃伊需要先将尸体挖去内脏，浸过盐水，在腹腔填以乳香、桂皮等香料，心脏通常留在体内不作任何处理，因为古埃及人相信这是一个人灵魂的基本载体。把尸体缝合后浸入特制的防腐液中，经 70 天取出，再裹上麻布，填以香料，涂上树脂。

及彩陶 (Egyptian faience) 的彩色釉制陶器，广泛用于装饰杯、护身符和小雕像。古埃及人也懂得制造化妆用调色板，以及纯金、象牙制成的珠宝。

埃及博物馆中有一个史前期制作的小型陶罐，高 22cm，直径 15cm，工艺精细，图案典雅。埃及博物馆中另一个古王国时期制作的纪念性花瓶 (Jubilee Vase)，高 37cm，直径 28cm，出土于杰塞尔阶梯金字塔。埃及博物馆中有一组麦罗埃式 (Meroitic) 陶土杯，制作于公元 1—2 世纪，图案别具一格，图案主题丰富多彩，最高的杯为 10.5cm。[⑰] 中王国时期制作的彩色陶器小河马长度仅 11.5cm，精巧可爱，现藏于埃及博物馆。大英博物馆中有一个蹲着的狒狒雕像，是墓葬的祭祀品，狒狒代表埃及月神透特 (Thoth)，雕像上还刻有阿蒙霍特普三世的姓名。狒狒雕像由石英岩雕制，制作于公元前 1390 年，雕像高 67cm，雕刻极为精细、逼真，充分显示出当时雕刻的高超工艺水平。巴黎的卢浮宫博物馆中有一个公元前 2200 年左右的古埃及人形小雕像，雕像很粗糙，像是被捆绑的俘虏，雕像上还刻有外国地区的人名，似乎是用于诅咒的魔法。

古埃及的雕刻和绘画令人印象深刻，出于对神和君王的崇拜，古埃及早期的神和君王的雕刻或绘画按照他们认为"应有"的样子，而不是实际看到的效果，艺术表现尽可能地充分和完美，并形成了一定的模式，比如，法老王的立像常是左脚在前，坐像则必是两手放在膝上，右手握拳左手平伸，并且保持着丝毫没有转侧的所谓"正面律"。孟卡拉 (Menkaure) 的 3 人雕像是典型的法老雕像，雕像高 96cm，由灰色坚硬砂石雕制，孟卡拉是古王国第 4 王朝的法老，法老头戴上埃及王冠，法老的右边是爱神哈索尔，哈索尔头上有牛角和太阳光盘，法老的左侧是上埃及的地方神祇。

《娜芙蒂蒂王后头像》(Head Statue of Queen Nefertiti) 是埃及新王国时期具有革新精神的代表作，这座石灰石的雕像强调艺术要从理想化的表现中解放出来，真实地描绘人物及其周围的环境，作品摆脱了长期以来的神化倾向，努力表现出人的特性，《娜芙蒂蒂王后头像》真实地刻画了一位古代美丽女性的形象，自然生动，脸部洋溢着活力和女性的美，摆脱了过去王后雕像只是强调其高贵地位的旧手法。[⑱]

古埃及贵族和农民的雕像、绘画没有清规戒律，早期作品《拉荷特普及其妻诺

---

⑰ 麦罗埃 (Meroe) 是古代库施王国的都城遗址，地处尼罗河、红海、印度洋和乍得湖之间，与希腊、罗马、阿拉伯和印度都有贸易往来。库施人很早就受到埃及文明的影响，在埃及新王国时期已有城市，公元前 11 世纪，库施王国的势力逐渐强盛，公元前 730 年征服埃及，建立了埃及第 25 王朝，也称库施王朝。

⑱ 娜芙蒂蒂 (公元前 1370—前 1330 年) 是提倡宗教改革的法老阿肯那顿的王后，娜芙蒂蒂王后的头像是雕刻家图特摩斯 (Thutmose) 公元前 1345 年的作品，1912 年被一支由德国考古学家路德维希·博尔夏特 (Ludwig Borchardt) 率领的德国考古队在埃及阿马尔奈 (Amarna) 的图特摩斯住宅遗址中发现，现藏于柏林博物馆岛上的新博物馆 (Neuen Museum)。

夫尔特像》(Rahotpe and his wife Nofret) 是古埃及雕塑的代表，雕塑高 122cm，制作于公元前 2550 年。按照古王国时期人像雕塑的惯例，用石灰岩制作的雕像通常要着色，因男子常在户外活动，风吹日晒，故躯体涂以棕色，女子深居简出，躯体涂以淡黄色，两尊雕像线条柔和舒展。为了追求人物相貌的逼真，古埃及雕像善于运用各种材料突出人物眼睛的生动性，用铜做眼睑，乳白石英做角膜，透明水晶做虹彩，并嵌以磨光的微粒黑檀木做瞳孔，使瞳孔在透明的水晶中发出光辉，这座雕像珍藏于开罗的埃及博物馆。大英博物馆中的卡特普 (Katep) 与海特菲莉斯 (Hetepheres) 夫妻雕像是一组典型的石灰石墓葬雕像，像高 47.5cm，卡特普是古王国第 4 王朝的祭司，雕像中显示出他宽阔的肩膀和深色的皮肤。埃及博物馆中还有一组很特殊的人物雕像，名为《侏儒首领斯尼布和他的家庭》(Achondroplastic Dwarf Sneb and his family)，制作于公元前 2520 年。斯尼布 (Sneb) 由于发育不全，身材很矮，是古埃及常见的侏儒症。斯尼布很聪明，是侏儒的首领并统管制衣工作，家中富有，他的石砌平顶墓葬室规模很大，靠近吉萨金字塔。雕塑家在创作《侏儒首领斯尼布和他的家庭》雕像时独具匠心，为了弥补主人身材的缺陷，塑造了斯尼布的盘腿坐姿，并且在他的前面增加了两个孩子，不仅构图均衡，也增加了幸福家庭的气氛，斯尼布的妻子对丈夫表现得极为亲热，与前面介绍的两组雕像完全不同，充分显示了古埃及艺术家高超的创作水平。

纽约布鲁克林博物馆 (Brooklyn Museum) 有一具古埃及的少女象牙雕像，被认为是埃及法老阿蒙霍特普三世 (Amenhotep III) 的妃子，反映了新王国时期帝王的婚姻生活。大英博物馆中有一具古王国时期石灰石制作的贵族雕像，这位贵族头戴假发，上身赤裸，下身穿"苏格兰式短裙"，棕色皮肤，雕像高 1.34m，身材匀称，可能是人物的真实尺度，推测古埃及人的身材普遍较矮。

埃及博物馆中有一具雕塑，名为"制啤酒的女人"，高 28cm，由石灰石雕制，外饰彩色涂料，制作于古王国时期。这位充满活力的妇女俯身在一口大缸上，按照古埃及制作啤酒的方法，她正在将饼状面食 (cakes of barley bread)、水和枣酒 (date liquor) 混合在一起并进行糅和，制成的啤酒会从大缸中部的出口流出。制啤酒的妇女头戴假发，容貌出众，浓眉大眼，目视前方，她上身裸露，显示出丰满的胸部和肌肉发达的双臂，下身穿着白色贴身裤，裤腿较短。初看制酒的大缸，似乎石雕有些粗糙，仔细思考，应当是一种细腻的刻化，这是一个写实主义的艺术精品[19]。"制啤酒的女人"雕塑出自吉萨墓地 (Cemetery of Giza) 的美勒桑克石室陵墓 (Mastaba of Meresankh)，美勒桑克被认为是卡夫拉 (Khafre) 法老的王妃，考古界对这种看

⑲ Edited by Francesco Tiradritti. photographs by Araldo De Luca.

　Egyptian treasures: from the Egyptian Museum in Cairo[M]. Vercelli: white star,1998：83.

法并不一致。制啤酒的女人是王室仆从之一，古埃及有许多类似这样的雕刻，它真实地表现了古王国时期的生活，是极为珍贵的资料。

大英博物馆中有一个新王国时期的无釉彩绘赤陶 (terracotta) 小药瓶，高23cm，小药瓶制成少女形状，手中抱着鲁特琴 (lute)，或称埃及琵琶。大英博物馆中另一个令人关注的展品是著名女祭司亨努特梅特 (Henutmehyt) 的陪葬品，一个表现农业活动的彩绘小木盒 (Painted wooden Shabti box)，木盒高 34.5cm。大英博物馆中还有一个木制模型陪葬品，展示新王国时期制作面包、啤酒和屠宰牲畜的场景。大英博物馆的另一个木制模型陪葬品是古埃及的航海帆船，帆布已经有些孔洞，模型刻画非常细腻。

埃及博物馆珍藏的古埃及木制模型陪葬品更多，有一个模型展示 2 艘拉网捕鱼的小船，另一个模型显示主人正在自家门廊内检查牲畜数量，2 个模型均出自麦克特瑞陵墓 (Tomb of Meketre)，类似这样的模型在麦克特瑞陵墓中共有 24 个。麦克特瑞在中王国时期曾在两代法老手下当大臣，积蓄大量财富。

尼巴蒙陵墓中有一幅葬礼宴 (Funerary banquet) 壁画，画中下侧正中有一位乐师演奏，左侧的来宾为之鼓掌，形象生动，右侧是祭品丰盛的祭台。尼巴蒙陵墓中的另一幅壁画名为《两位横笛乐师》，两位横笛乐师与葬礼宴互相呼应，乐师的形态活泼，发式新潮。纳黑特陵墓 (Tomb of Nakht) 中的"竖琴师与琵琶琴师"壁画也是一幅名画，左侧是竖琴师，下身穿白色长裤，中间是古琵琶琴师，几乎裸体，画面构图完美，姿态生动，难得古人有如此情趣。另一幅与音乐有关的壁画是因海尔豪 (Inherkhau) 陵墓中的"盲人竖琴手"，画中的陵墓主人夫妇正在倾听盲人竖琴手奏曲，夫妻二人均戴假发，坐在后面、假发更长的一位应当是女主人。

大英博物馆中有一幅新王国后期"动物下棋"的纸莎草纸画，画面高 9cm，羚羊和狮子模仿人类下棋，幽默风趣，看样子羚羊非输不可。这幅画很有教育意义，像是古埃及的寓言。互联网上的资料称"卡通" (cartoon) 画源于欧洲 17 世纪的荷兰，这种观点似乎应当推翻了，看了这幅画会让人想：也许卡通画的创始人在古埃及。

大英博物馆中有一幅"金库总监削发焚香图"，图中描绘太阳神庙的金库总监在入葬前进行削发、焚香，这也是《死亡之书》中提出的一种仪式。这是一幅纸莎草纸画，画面高 44cm，画面中线条流畅，纸莎草纸表面并非很光滑，线条如此流畅，难能可贵，此外，画法也很有特色，衣料质感鲜明，飘飘欲仙。

古代埃及的住宅很难保存至今，我们能够看到房屋的基础已经是幸运了，开罗埃及博物馆展出了一个在陵墓中发现的古埃及住宅小模型，这个黏土烧制的模型制作于中王国初期，约公元前 2000 年，使我们能够较为准确地领略 4000 年前埃及住宅的风貌。

我们在陵墓中看到的画面都是美女和壮男，没有见到老年人，法老雕像的胡

1-44　史前期制作的小型的陶罐

1-45　古王国时期制作的纪念性
　　　花瓶

1-46　麦罗埃式陶土杯，制作于
　　　公元 1—2 世纪

1-47　中王国时期的精巧彩色陶
　　　器河马

1-48 象征埃及月神透特的狒狒

1-49 用于诅咒的魔法的俘虏雕像

1-50 孟卡拉的 3 人雕像是典型的法老雕像

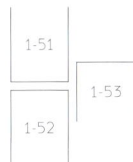

1-51　阿肯那顿法老的王后娜芙蒂蒂头像

1-52　古王国时期的王子拉荷特普及其妻子诺夫尔特的石灰石雕像

1-53　卡特普与海特菲莉斯夫妻的石灰石雕像

1-54 《侏儒斯尼布和他的家庭》是一组很特殊的雕像

1-55 古埃及的少女象牙雕像，被认为是埃及法老的妃子

1-56 古王国时期石灰石制作的贵族雕像

1-58 无釉彩绘赤陶小药瓶是抱着鲁特琴的少女形状

1-59 表现农业活动的彩绘小木盒

1-60 制作面包、啤酒和屠宰牲畜场景的木制模型

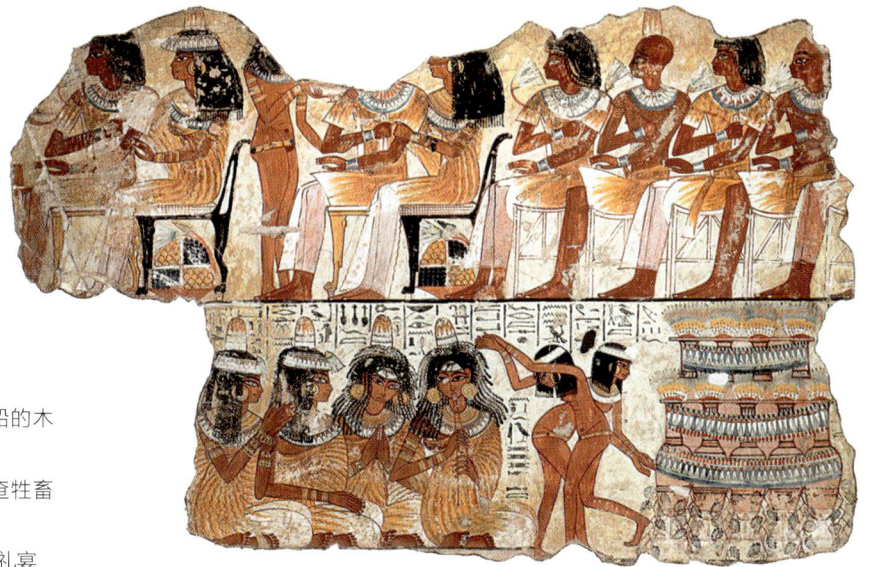

1-61　木制航海帆船模型

1-62　两艘拉网捕鱼小船的木
　　　制模型

1-63　主人在门廊内检查牲畜
　　　数量

1-64　尼巴蒙陵墓中的葬礼宴

1-65 尼巴蒙陵墓中的壁画《两位横笛乐师》

1-66 纳黑特陵墓中的壁画《竖琴师与琵琶琴师》

1-67 陵墓主人夫妇倾听盲人竖琴手奏曲的壁画

1-68　羚羊和狮子模仿人类
　　　下棋的纸莎草纸画
1-69　金库总监削发焚香图
　　　的纸莎草纸画

1-70　公元前 2000 年黏土烧制的
　　　住宅模型

1-71　古埃及的发式
　　　a~d 为古王国时期发式，e 和
　　　f 为中王国时期发式 (g 为 f 的
　　　背面),h~l 为新王国时期发式，
　　　深色面孔为男性

a　　　　　b　　　　　c　　　　　d

e　　　　　f　　　　　g

h　　　　i　　　　j　　　　k　　　　l

须也是假的，原因之一是古埃及人有"永葆青春"的愿望，原因之二是古埃及人的平均寿命很短，他们的平均寿命仅有 30 年，甚至更短，因此，"死亡"是生活中常见之事。[20]

古埃及人无论男女都很讲究发式 (hair styles) 和头饰 (coiffures)，而且"时尚意识" (fashion-conscious) 很强。古埃及人常戴"假发"，平时剃光头，因为缺水，不能经常洗发，怕头发中长虱子，因此，假发成为重要的头饰。由于男女均戴假发，影响我们对性别的区分，本书摘引芭芭拉·默茨 (Barbara Mertz) 的著作《红土地与黑土地：古埃及的尘世》(Red Land, Black Land: the world of the ancient egrptians) 书中对发式的分析，包括古埃及自古王国至新王国的男、女发式分析，深色面孔是男人，供读者赏析。[21] 根据互联网的资料，《埃及考古学》(Egyptian Archaeology) 曾刊登过一篇文章，介绍在阿马尔奈遗址考察项目中的发现，考古学家约兰达·博斯 (Jolanda Bos) 曾经发现一具 3300 年前的妇女遗骸，遗骸的头发是用长长的"接发"精心编制而成，造型极其复杂，大约共有 70 束，令人惊讶。[22]

读过几本关于古埃及日常生活的著作之后，发现许多问题和我们过去理解的不同，例如奴隶问题，过去认为金字塔都是奴隶建造的，奴隶的工作像最卑贱等，其实不然，研究"埃及古物学"的学者们普遍认为古代埃及的奴隶更像是仆人 (servant)，本书图片中为墓葬主人奉献物品的美女就是仆人。有的学者甚至认为古埃及与古罗马不同，古埃及根本不存在"奴隶阶级"(class of slaves)，只有为国王、祭司、官员和贵族服务的仆人，仆人在经济上依赖别人。[23]

1.5 古代埃及建筑学的发展

The Development of Architecture in Ancient Egypt

古埃及的尼罗河两岸气候炎热、树木稀少，南部多山体岩石，北部多沙漠荒原，从而确定了古埃及早期以土坯与芦苇作为主要建筑材料，以后改用在太阳下晒干的泥土砖和石灰石作为主要建筑材料。炎热的气候与灼人的阳光，使人们不得不把住

---

[20] Kasia Szpakowska. Daily Life in Ancient Egypt[M]. Malden, MA：Blackwell Pub., 2008：179.

[21] Barbara Mertz. Red Land, Black Land : the world of the ancient egrptians [M]. New York：Dell Publishing Co.,1966：95-96.

[22] 阿马尔奈遗址的考察内容将在本书 6.3 节中全面介绍。

[23] Kasia Szpakowska. Daily Life in Ancient Egypt[M]. Malden, MA：Blackwell Pub., 2008：11.

宅的屋顶和墙壁做得很厚，窗洞开得很小，因而埃及古代的住宅给人的印象是封闭与神秘。

埃及古王国时期的建筑物以金字塔为代表，史学家甚至把古王国时期称为"金字塔时代"，在尼罗河三角洲吉萨高原建造的金字塔群是古埃及金字塔最成熟的代表。金字塔是埃及法老的陵墓，金字塔底部平面为正方形，金字塔的造型为方锥体，由于金字塔的侧影类似汉字的"金"字，在我国称之为金字塔。埃及现存金字塔的数目约有118座，成为古埃及文明最具影响力的象征，这些金字塔大部分建于古王国时期。

埃及中王国时期手工业和商业发展，各种活动均集中在首都底比斯周围，底比斯地区多悬崖深谷，法老们依山就势开凿陵墓。中王国时期的建筑物以石窟式陵墓为代表，石窟式陵墓取代了金字塔，法老们认为石窟式的陵墓既经济又隐蔽，但最终也未能逃脱盗墓贼的侵入，这一时期的建筑物开始采用梁柱结构，梁柱结构可以建造比较宽敞的内部空间。

埃及新王国时期达到了古埃及最强盛的阶段，频繁的远征掠夺来大量财富，法老为缓和民众反对劳民伤财地建造金字塔或开凿陵墓的情绪，便大力宣扬敬奉太阳神，同时自称是太阳神的化身。新王国时期建造的神庙既是祭祀神灵之地，又是法老的行宫，因此埃及神庙具有宫廷的某些特征，神庙内柱廊环绕的内庭是法老接受臣民朝拜的地方，神庙密室只许法老和祭司进入，古埃及规模最大的神庙是卡纳克神庙群。底比斯是古埃及中王国和新王国时期的首都，是太阳神阿蒙之城，底比斯的卡纳克神庙群和卢克索神庙以及国王谷和王后谷的大量陵墓共同构成了古代埃及文明鼎盛的见证。

古埃及的金字塔和神庙尺度都很大，尺度之大令人难以想象是距今4500年前建造的，这种尺度的建筑物即便是21世纪建成的也会使人震撼。古埃及建筑物的尺度和规模完全根据功能的需要，为了体现对神的崇拜和显示法老的权威，大尺度空间可容纳大量人群，是艺术与功能的结合。神庙空间的组合、光影的变化显示了当时的设计水平，也为后世提供了榜样，古埃及把雕塑和绘画巧美地结合到建筑物中，不仅有助我们研究当时的历史，也为建筑学的发展奠定了基础。

古埃及的村镇和城市建设也令人惊叹，尤其是新王国时期建造的阿肯太顿(Akhetaten)新城，阿肯太顿城是一座完全按照国王意见且有完善规划的城市，不仅具备一定水准，而且具有创新意识。

古代埃及在发展过程中几度被外来民族占领，外来民族的占领虽然限制了本土文化的发展，却促进了不同文化的交流，托勒密王朝期间，来自马其顿的统治者建造了伊德富的荷鲁斯神庙和菲莱的伊西斯神庙，他们在继承古埃及传统的基础上融入了古希腊的艺术，为我们深入研究埃及建筑学提供了宝贵的经验。

2 埃及古王国时期雄伟的金字塔
The Great Pyramids of the Old Kingdom

古埃及的法老死后，人们把他的尸体进行防腐处理，填进特别的香料，放入封闭的石棺中，令匠人在坟墓中以壁画和雕刻的形式描绘死后要继续从事的活动，使亡灵能在死后同生前一样生活得舒适如意。古埃及人认为太阳从尼罗河东方升起，在尼罗河的西方落下，太阳从东到西表示从生到死，人也如此，人死了以后灵魂就到西方，因此，尸体要埋葬在尼罗河的西面，然后经过一个晚上就能复活。埃及法老最早的坟墓是方形平台式的石砌陵墓 (Mastabas) 或称石室陵墓，为了显示法老的权威，在单层方形平台上又叠加了数层，成为阶梯形的陵墓，此后，又发展成方锥形陵墓。

2.1　杰塞尔阶梯金字塔
The Step Pyramid of Djoser

杰塞尔阶梯金字塔位于尼罗河西侧的塞加拉 (Saqqara or Sakkara) 地区，塞加拉是古王国首都孟菲斯的墓地。杰塞尔阶梯金字塔是埃及古王国第 3 王朝第 2 任法老杰塞尔 (Djoser or Zoser, 公元前 2686—前 2125 年) 的陵墓，陵墓是杰塞尔在担任法老期间命令他的宰相印何阗，亦译伊姆荷太普 (Imhotep)，负责设计建造的。印何阗曾任大维奇尔，大维奇尔相当于宰相、大法官、农业大臣以及建筑总监，印何阗同时还是赫立奥波立斯 (Heliopolis) 即太阳城的大祭司。据说印何阗知识渊博，不仅是一位才能出众的宰相，而且还擅长医术。杰塞尔金字塔建于公元前 2650—前 2610 年，是埃及的第一座金字塔，金字塔旁还有一些马斯塔巴型坟墓。杰塞尔阶梯金字塔也是历史上最早由方石建造的大型纪念性建筑物之一，建造这样规模的建筑物需要密集的劳动力，表明国家对资源、人力和物力的控制都达到了一定的水平，杰塞尔阶梯金字塔的许多设计元素都被以后的法老在建造金字塔时采用。

杰塞尔阶梯金字塔及其附属建筑物占据的场地长 545m，宽 277m，四周由一道 10.4m 高的围墙围合，围墙由光滑的石灰石砌筑，围墙上还有竖向壁龛，被称为壁龛墙 (niched wall)。杰塞尔阶梯金字塔布置在场地中心，金字塔南侧是开敞的院落，金字塔北侧是一座神庙，神庙北侧是祭坛，从祭坛至南院有一条不太明显的中轴线。阶梯金字塔东侧是一组纪念性建筑群，纪念性建筑群的中心是礼仪性的庭院，据说纪念性建筑群的布局模仿杰塞尔法老在孟菲斯的王宫，为了使杰塞尔在死后仍然居住在熟悉的环境中,建筑群的主入口设在东南角，既是陵墓的入口也是 "王宫" 的入口。阶梯金字塔东侧的纪念性廊道是古代最早出现的石结构形式，柱子的

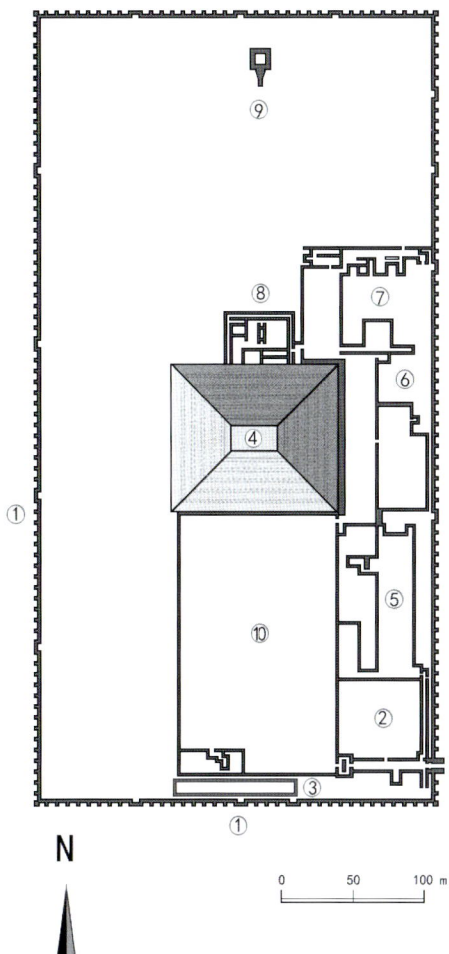

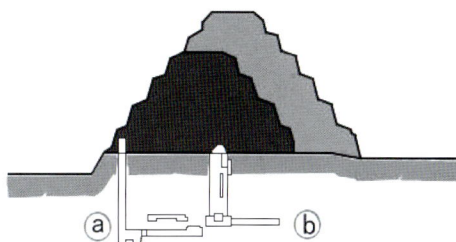

a- 墓葬室；b- 仓储室

N

0   50   100 m

2-1   杰塞尔阶梯金字塔区总平面

1- 围墙；2- 主入口内的廊道；3- 南厅；4- 阶梯金字塔；
5- 礼仪内院；6- 南房；7- 北房；8- 葬礼庙；9- 祭坛；10- 南院

2-2   杰塞尔阶梯金字塔剖面

2-3   俯视杰塞尔阶梯金字塔区

2-4   杰塞尔阶梯金字塔区东侧透视

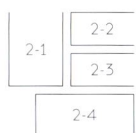

2-8	2-9	2-11
	2-10	

2-8　杰塞尔阶梯金字塔区的多棱柱式廊道

2-9　俯视杰塞尔阶梯金字塔区南院

2-10　杰塞尔阶梯金字塔南侧建筑

2-11　金字塔区南侧建筑室内楼梯

2-12 杰塞尔阶梯金字塔区外侧的陵墓群

2-13 杰塞尔法老的雕像

2-14 古代埃及的曲面形金字塔

造型为多棱柱 (Polygonal Columns)，石柱由带棱角的石块砌筑，这种结构模式在古王国时期被持续模仿。

杰塞尔阶梯金字塔共有 7 层，总高 62m，底边为 109m×125m，外部是白色石灰石砌筑。杰塞尔阶梯金字塔内部由房间、竖井和廊道构成，犹如迷宫，廊道总长约 6km，阶梯金字塔内部房间作为法老及其家庭成员的墓葬室及相应的存储食品和补给品的仓库，地下廊道的两侧砌筑石墙，外饰蓝色彩陶瓷砖。考古学家还在储藏室发现大量石船，其中有许多石船的制造年代早于杰塞尔时期，据说这些石船是为了满足杰塞尔在来世的需求。杰塞尔阶梯金字塔的设计具有促使法老尽快抵达来世的功能，并且使法老可以永远重生，例如围墙上有 14 个门，只有设在东南角的主入口是真正的入口，其余的门被称为假门，目的是提供法老在来世使用，假门作为一种渠道，法老可以通过它来往于现世和来世之间。

阶梯金字塔的象征意义是学者们探索的课题，有人认为是象征一个巨大的王冠，因为附近建造了 7 个小型金字塔并非坟墓，另一种被广泛接受的理论是：阶梯形的金字塔可促使法老升天。继阶梯形金字塔之后，也出现过曲面形金字塔 (Bent Pyramid) 和红色金字塔 (Red Pyramid)。据说曲面金字塔并非特意设计的，而是因为施工有误形成的。红色金字塔是世界上第一座真正拥有光滑斜面的金字塔，因为采用了接近红色的石灰石建造而得名。

2.2　吉萨金字塔群

The Giza Pyramid Complex

吉萨金字塔群位于尼罗河西岸的吉萨高原 (Giza Plateau)，距古王国的首都孟菲斯不远，在开罗西南 80km。吉萨金字塔群建于埃及古王国时期的第 4 王朝，主要由 3 座金字塔组成，其中最大的是胡夫金字塔 (Pyramid of Khufu or Cheops)，又称大金字塔，其次的是卡夫拉金字塔 (Pyramid of Khafre or Chephren)，最小的是孟卡拉金字塔 (Pyramid of Menkaure or Mycerinus)，在卡夫拉金字塔东侧还有著名的狮身人面像 (Great Sphinx)[24]。1979 年，吉萨金字塔群被联合国教科文组织确定为世界遗产，是"孟菲斯及其大型墓地——从吉萨到代赫舒尔金字塔

㉔ 胡夫 (Khufu) 希腊语称之为基奥普斯 (Cheops)，是埃及古王国时期的一位法老，他的统治期约为公元前 2589—前 2566 年，是埃及第 4 王朝的第 2 位法老。

区"(Memphis and its Necropolis – the Pyramid Fields from Giza to Dahshur) 的一部分[25]。

吉萨最大的金字塔是古埃及第 4 王朝法老胡夫为自己建造的墓地，卡夫拉金字塔和狮身人面像是胡夫后一任法老卡夫拉统治时期为自己建造的墓地，卡夫拉的儿子孟卡拉任法老时又下令为自己建造了第 3 座金字塔。每座金字塔的东墙外都建有一座为丧葬礼仪使用的神庙，并且有一条小路从神庙延伸到尼罗河边，死去的法老通过船只运到尼罗河岸边，经过这条小路完成他们最后一段旅途。吉萨金字塔建筑群是一个连贯的整体，一切都是为了神化死去的法老。建筑群的遗迹还在继续发掘。

胡夫金字塔建成于公元前 2530 年，胡夫金字塔原高 146.6m，经过长期剥蚀后，现高 138.8m，正方形底部的每边长为 230.38m。胡夫金字塔东侧有 1 座葬礼庙 (Mortuary temple) 和 3 个较小的金字塔，较小的金字塔为胡夫的王妃建造，胡夫金字塔南侧还有几座贵族的石室陵墓。胡夫金字塔内有 3 个墓室，地下墓室 (Lower chamber)、中间墓室 (Middle chamber) 和墓葬室 (Burial chamber)，地下墓室并未完成，中间墓室是胡夫王后的墓室，最上面的墓室是胡夫法老的墓葬室。有一种分析认为这种布局是设计方案的修改，最初，工匠们开凿了一段通向地下室的通道，此后，改变了设计，开凿了一段向上的通道，然后开始修建墓葬室，还未等到竣工，又实施了另一个更宏大的方案，把向上的通道延长并扩展成宏伟的大展廊 (Great Gallery)，经过展廊，再进入法老墓葬室。胡夫金字塔的展廊宽 2.06m，高 8.6m，长 46.68m，展廊两侧的墙由下向上逐步向内出挑，展廊顶部宽度仅有 1.04m，这种做法是为了减小顶板的跨度。胡夫法老的墓葬室东西向长 10.47m，南北向长 5.23m，顶部距地 5.97m，室内全部用花岗石饰面。胡夫法老墓葬室的顶部有 6 层空间，为了减轻顶部结构层的荷载，顶层屋面为尖顶，使墓葬室上方的荷载传向外侧。法老墓葬室内距地面 0.91m 处还设计了斜向上方的井道 (shaft)，这种井道曾长期被认为是通风的井道，经过研究后，专家们普遍认为这种井道既有助法老的灵魂升天，也有助法老死后复生，有人甚至研究这种井道的方向是否与某种星座有关，法老可能认为自己的灵魂经过井道会直接进入神的住所。

1954 年，在胡夫金字塔南侧发现了一个古代大木船的构件，木船全长 43.6m，宽 5.9m，它不仅是世界上最早的船，而且是珍贵的木刻制品，木船由黎巴嫩的香柏红木 (Lebanon cedar) 制造，约建造于公元前 2500 年，拆散的木船构件散落在长 31m，深 3.5m 的坑内，木船上面有胡夫法老继任人卡夫拉的名字。古

---

25 代赫舒尔 (Dahshur) 又译达哈舒，距离开罗约 40km，是尼罗河西岸沙漠上的一个埃及王室大型墓地，该处坐落着数座金字塔，包括胡夫的父亲斯尼夫鲁 (Sneferu，公元前 2613—前 2589 年) 在位时建造的曲面金字塔 (Bent Pyramid) 和红色金字塔 (Red Pyramid)。

埃及的人们相信法老死后会变成太阳神，灵魂需要乘太阳船飞往天空，因此，木船被命名为胡夫太阳船 (Solar Barge of Khufu)，太阳船的复制品今日在原址上建成的博物馆内展出。

建造胡夫金字塔的石料采自吉萨附近的石灰岩，石块厚 1m，宽 2m，长短不等，平均每块石料重约 2.5t，据推算，胡夫金字塔建造了 20 年，每日需要砌筑 800t 石块，墓室顶盖用重达 40t 的大石板筑成，胡夫墓室内装修使用的花岗石则是从远在 1000km 外的阿斯旺运来。胡夫金字塔施工精良，据检测，东北侧石块间的缝隙仅有 0.5mm，金字塔 4 边长度的平均误差也仅有 58mm。

卡夫拉金字塔建在胡夫金字塔西南侧，卡夫拉金字塔正方形底部的每边长 215.16m，4 个面几乎恰好对准东、西、南、北 4 个方向，金字塔的坡度为 53° 10' 或 52° 02'，建成时的高度为 143.87m，外部覆盖着磨光的石灰石，现在 45m 以上尖端还残留着部分原始磨光的石灰石。卡夫拉金字塔的地基位置比胡夫金字塔的地基位置高 10m，凭借较高的地基位置和较斜的金字塔坡度，看起来卡夫拉金字塔比胡夫金字塔似乎要高一些，实际上，无论是高度还是体积，卡夫拉金字塔都比胡夫金字塔小一些。卡夫拉金字塔设有 2 个通向法老墓葬室的入口，其中一个距地面 11.54m，另一个入口位于金字塔的底部。卡夫拉金字塔的东侧有一座葬礼庙，它的规模比任何金字塔的葬礼庙都大，葬礼庙包括雕像厅、柱廊、中心内院、神像壁龛和圣坛。卡夫拉金字塔葬礼庙与其东侧的河谷神庙 (Valley Temple) 之间有一条 494.6m 长的通道，通道由石块砌筑，有些石块重达 15t，河谷神庙内留有固定卡夫拉雕像的基坑，雕像已被掠走。

卡夫拉的狮身人面像位于卡夫拉金字塔的东侧，距卡夫拉金字塔约 350m，狮身人面像身长 73m，高 21m，面宽约 5m。狮身人面像头部是按照卡夫拉法老的形象雕塑的，表情肃穆，凝视远方，雄伟壮观，遗憾的是已被损坏。狮身人面像东侧设有相应的祭祀庙宇，狮身人面像的庙宇与河谷神庙靠近。狮身人面像也称斯芬克司 (Sphinx)。斯芬克司最初源于古埃及的神话，它被描述为有翅膀的怪物，通常为雄性，斯芬克司是"仁慈"和"高贵"的象征，当时的传说中有 3 种斯芬克司：人面狮身的 Androsphinx，羊头狮身的 Criosphinx 和鹰头狮身的 Hierocosphonx。古埃及人很崇拜狮子，他们认为狮子是力量的化身，因此古埃及的法老把狮身人面像放在他们的墓室外面作为守护神，卡夫拉的狮身人面像是人类历史上第一座纪念性的雕塑。

金字塔具有明显的象征意义，阶梯形金字塔步步向上，使法老的灵魂可以更加接近上天，锥体金字塔令人联想到小山、大自然的创造，金字塔倾斜的坡面敷盖着磨光的白色石灰石，阳光照射下，光辉灿烂，充分展示了太阳神的威力。金字塔的建造方法没有任何文献记载，后人有几种推测：一种是用一个巨大的杠杆，一端用绳子绑住石块，另一端通过人力将石块吊往上方，然后将石块逐步往上堆砌；另一种推测是用土堆成斜坡，利用木质滚轴将石块拉上去，斜坡环绕金字塔螺旋上升；也有人认为，第二种方法土堆斜坡的清除是一个很大的问题，因而推测开始用土堆斜坡，然后再用杠杆。金字塔的建造方法按现代的技术标准或许并不高明，但是充分显示了古埃及法老和官员们的组织管理能力。

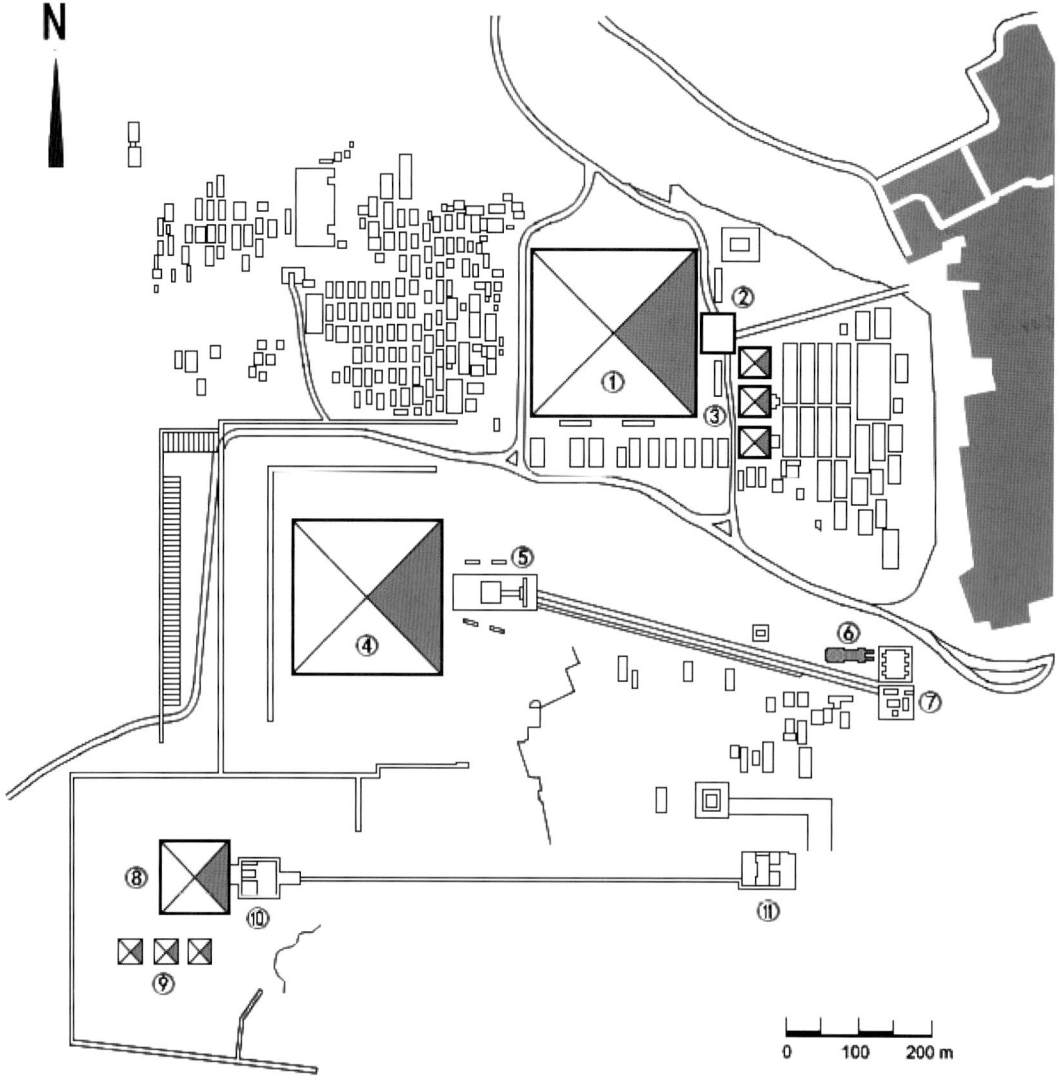

2-15 吉萨金字塔群总平面
1- 胡夫金字塔；2- 胡夫的葬礼庙；3- 胡夫 3 位王妃的金字塔；
4- 卡夫拉金字塔；5- 卡夫拉的葬礼庙；6- 卡夫拉的狮身人面像；
7- 卡夫拉的河谷神庙；8- 孟卡拉金字塔；9- 孟卡拉 3 位王妃的金字塔；
10- 孟卡拉的葬礼庙；11- 孟卡拉的河谷神庙

2-16　吉萨金字塔群鸟瞰

2-17　吉萨金字塔群透视

2-18　胡夫金字塔剖面

2-19　胡夫金字塔东侧葬礼庙
　　　平面

1- 入口；2- 未建成的墓室；
3- 王后的墓室；4- 大展廊；
5- 胡夫的墓葬室；6- 通风道
或法老升天的通道

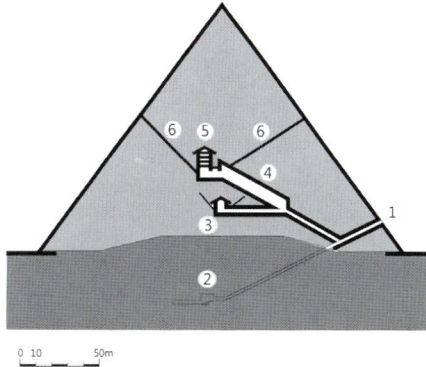

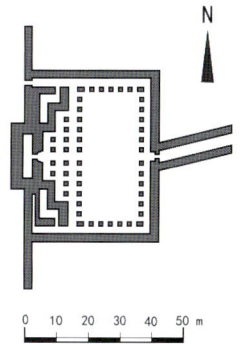

2-25	2-26
2-28	2-27

2-25 远望卡夫拉金字塔

2-26 卡夫拉金字塔的一角

2-27 卡夫拉金字塔的 2 个入口

2-28 卡夫拉金字塔基座的巨石

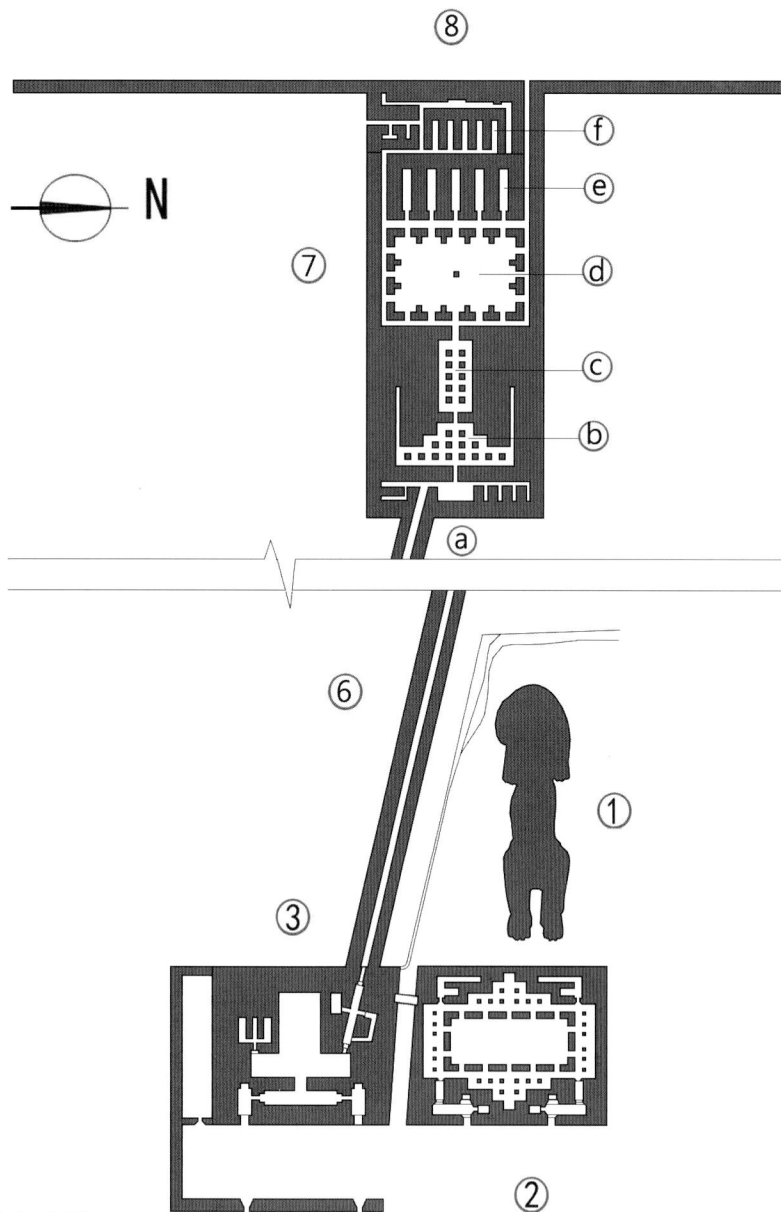

2-29 卡夫拉狮身人面像、葬礼庙、河谷
庙与卡夫拉金字塔葬礼庙的布局

1- 卡夫拉狮身人面像；
2- 狮身人面像神庙；
3- 河谷神庙；
4- 卡夫拉河谷神庙横剖面；
5- 卡夫拉河谷神庙纵剖面；
6- 通向卡夫拉金字塔葬礼庙的通道；
7- 卡夫拉金字塔葬礼庙；
8- 卡夫拉金字塔东侧边线
a- 卡夫拉金字塔葬礼庙入口；
b- 雕像厅；
c- 柱廊；
d- 中心内院；
e-5 个壁龛；
f- 卡夫拉金字塔葬礼庙圣坛

0 10 20 30 40 50m

2-30　卡夫拉狮身人面像

2-31　卡夫拉狮身人面像
　　　被破坏的头部

2-32 2-33

2-34

2-35

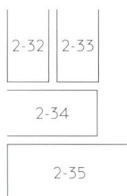

2-32 从卡夫拉河谷神庙的出口望卡夫拉金字塔

2-33 通向卡夫拉河谷神庙的通道

2-34 卡夫拉河谷神庙的大厅

2-35 吉萨金字塔群全景

3 埃及中王国时期的陵墓
The Tombs of the Middle Kingdom

开罗以南 700km 的尼罗河西岸一片荒无人烟的石灰岩峡谷中，古埃及中王国和新王国时期的法老们在石灰岩的峭壁上开凿墓室，用来安放他们显贵的遗体，早期还在陵墓入口前建造了葬礼神庙，形成规模庞大的陵墓区。规模庞大的陵墓区被称为帝王谷 (Valley of Kings) 和王后谷 (Valley of Queens)，王后谷在帝王谷南侧约 1.5km，陵墓区东侧不远的一片沙漠地带就是中王国和新王国的都城底比斯。[26] 帝王谷坐落在尼罗河西岸的库尔恩 (Al-Qurn) 山脚下，库尔恩山峰轮廓线貌似金字塔，法老们建造的陵墓以金字塔形象的库尔恩山峰为背景，表达继承先人传统的意愿。

帝王谷和王后谷地区很大，帝王谷又分东区和西区，帝王谷东区陵墓按 KV 编号，帝王谷西区陵墓按 WV 编号，王后谷陵墓的编号为 QV。陵墓根据发现的顺序编号，例如帝王谷东区首先发现的拉美西斯七世陵墓编号为 KV1，帝王谷东区发现较晚的图坦卡门陵墓编号为 KV62，帝王谷和王后谷的陵墓已发现有价值的陵墓 60 余处，其他陵墓有些是空的，有些陵墓的主人至今不详，大部分陵墓并不对外开放，开放的陵墓仅有 10 余处，有些陵墓只供学术研究，有些还在发掘中。

3.1 有创意的陵墓
The Tombs with Creative Concept

古埃及在帝王谷首先建造陵墓的是中王国时期的门图荷太普二世 (Nebhotepre Mentuhotep II，公元前 2046—前 1995 年)，门图荷太普二世是中王国的首位法老，他在政治动乱的第一中间时期之后统一了埃及，结束了位于下埃及的埃拉克雷奥波利斯 (Herakleopolis) 和上埃及的底比斯之间长达 100 年的战争，建立了古埃及的第 12 王朝。门图荷太普二世的陵墓标志着古埃及法老陵墓的革新，它完全不同于古王国时期的金字塔，门图荷太普二世的陵墓模式为后代法老沿用了数百年。门图荷太普二世的陵墓不仅在建筑学方面进行了创新，而且在宗教信仰方面也有很大的改革，古王国时期的金字塔仅仅祭祀法老，从门图荷太普二世的中王国开始，改为同时祭祀奥西里斯神与法老两位神明，奥西里斯是底比斯地区供奉的地方神祇。[27]

---

[26] 帝王谷和王后谷地区的全称应为底比斯西部墓地区 (Necropolis of Western Thebes)，代尔拜赫里 (Deir el-Bahri) 是帝王谷的一部分。

[27] 奥西里斯是古埃及最重要的神祇之一，他是地神盖布 (Geb, Earth god) 和天神努特 (Nut, Sky god) 的长子，是掌管阴间、生育和农业之神，他有反复重生的能力，他的绿色皮肤代表了这种含义。奥西里斯与妻子伊西斯生下荷鲁斯，伊西斯与荷鲁斯都是古埃及神话中最具影响力的神祇。

门图荷太普二世的陵墓有 2 座神庙，主神庙在今日帝王谷入口处，另一座神庙靠近尼罗河，二者之间有一条堤道相连，堤道长 1.2km，宽 46m，堤道直抵峡谷中的主神庙。门图荷太普二世主神庙前的庭院内有矩形花池，种植珍贵树木，这是古埃及难得一见的神庙花园，这种沙漠区的花园需要园丁经常维护和复杂的灌溉设施。门图荷太普二世主神庙有两部分，前区神庙供奉战神蒙图 (Montu)，一条坡道沿着中轴线通向后侧高台上的神庙，高台长 60m，宽 43m，高 5m，高台上的神庙四周回廊环绕，神庙的中心大殿为正方形，根据推测，顶部为平顶或小形方锥体。[28] 门图荷太普二世主神庙的后区嵌入峭壁，由一个开敞的庭院和一座小庙组成，小庙祭祀太阳神 (Amun-Ra) 和法老门图荷太普二世。在门图荷太普二世主神庙后区庭院内还发现了一条 150m 长的墓道，墓道通向地下 45m 深的墓室，无疑是门图荷太普二世的墓葬室。门图荷太普二世的陵墓是古埃及建筑学的重大发展，它巧妙地利用地形建造陵墓，不仅减少了劳动力，节省了建筑材料，也增加了陵墓的隐蔽性，但是，这种隐蔽性最终也未能逃脱后世盗墓人的抢掠。

哈特谢普苏特 (Hatshepsut，公元前 1508—前 1458 年) 是古埃及著名的女法老，她在帝王谷建造的陵墓（KV42）与门图荷太普二世的陵墓相邻，哈特谢普苏特的陵墓建成于公元前 1470 年。[29] 哈特谢普苏特的陵墓从门图荷太普二世的陵墓获得了灵感，并进一步有所发挥。哈特谢普苏特的陵墓在埃及被称为"Djeser-Djeseru"其含义是"壮丽之最"（The Sublime of Sublimes）。哈特谢普苏特陵墓的创造性表现在 3 方面：其一是总体布局因地制宜，虽有明显的中轴线，却不严格对称，两侧的布局虽不相同，却仍然保持视觉的均衡，沿着中轴线的大坡道加强了轴线的视觉效果；其二是退台式的陵墓造型，陵墓有 3 层退台，总高 30m，各层平台的进深不同，退台的比例优美；其三是柱廊衬托，陵墓顶层柱廊环绕纪念性内院，空间丰富，柱廊典雅、肃穆。哈特谢普苏特陵墓尽端是圣坛，圣坛嵌入山体陡壁，陵墓以山体为背景，似乎比金字塔更有气魄，哈特谢普苏特陵墓为后世的

㉘ 门图荷太普二世陵靠近尼罗河的葬礼庙已经完全破坏，主神庙的残骸于 19 世纪初被发现，发掘工作至 20 世纪，1905 年爱德华·纳维尔（Edouard Naville）曾设想了葬礼庙的复原图，有助我们理解门图荷太普二世的构思。

㉙ 哈特谢普苏特是新王国时期第 18 王朝法老，她是图特摩斯一世与王后唯一的女儿，图特摩斯一世驾崩后，由其妃的儿子继位，号称图特摩斯二世，因图特摩斯二世血统不够纯正，必须娶哈特谢普苏特为妻。图特摩斯二世体弱多病，后由其子继位，号称图特摩斯三世，图特摩斯三世年幼，哈特谢普苏特成为他的监护人，图特摩斯三世并非哈特谢普苏特所生，哈特谢普苏特乘机将政权掌握在自己手中，其后，又宣布自己为法老，建立了古埃及的第 18 王朝，哈特谢普苏特自称是太阳神阿蒙之女，她的雕像也均以男性法老的形象出现。哈特谢普苏特执政期间，埃及在经济方面有很大发展，同时也大兴土木，建造神庙。哈特谢普苏特在位 21 年后去世，图特摩斯三世开始独立治国，是新王国时期第 19 王朝法老。为了消除哈特谢普苏特的影响，下令将刻有哈特谢普苏特的名字和形象一律毁去。从公元前 1458 年起，图特摩斯三世进行连续不断的战争，恢复了哈特谢普苏特时代丧失的对叙利亚和巴勒斯坦的统治，由于图特摩斯三世的赫赫武功，一些历史学家称他为古埃及的拿破仑。

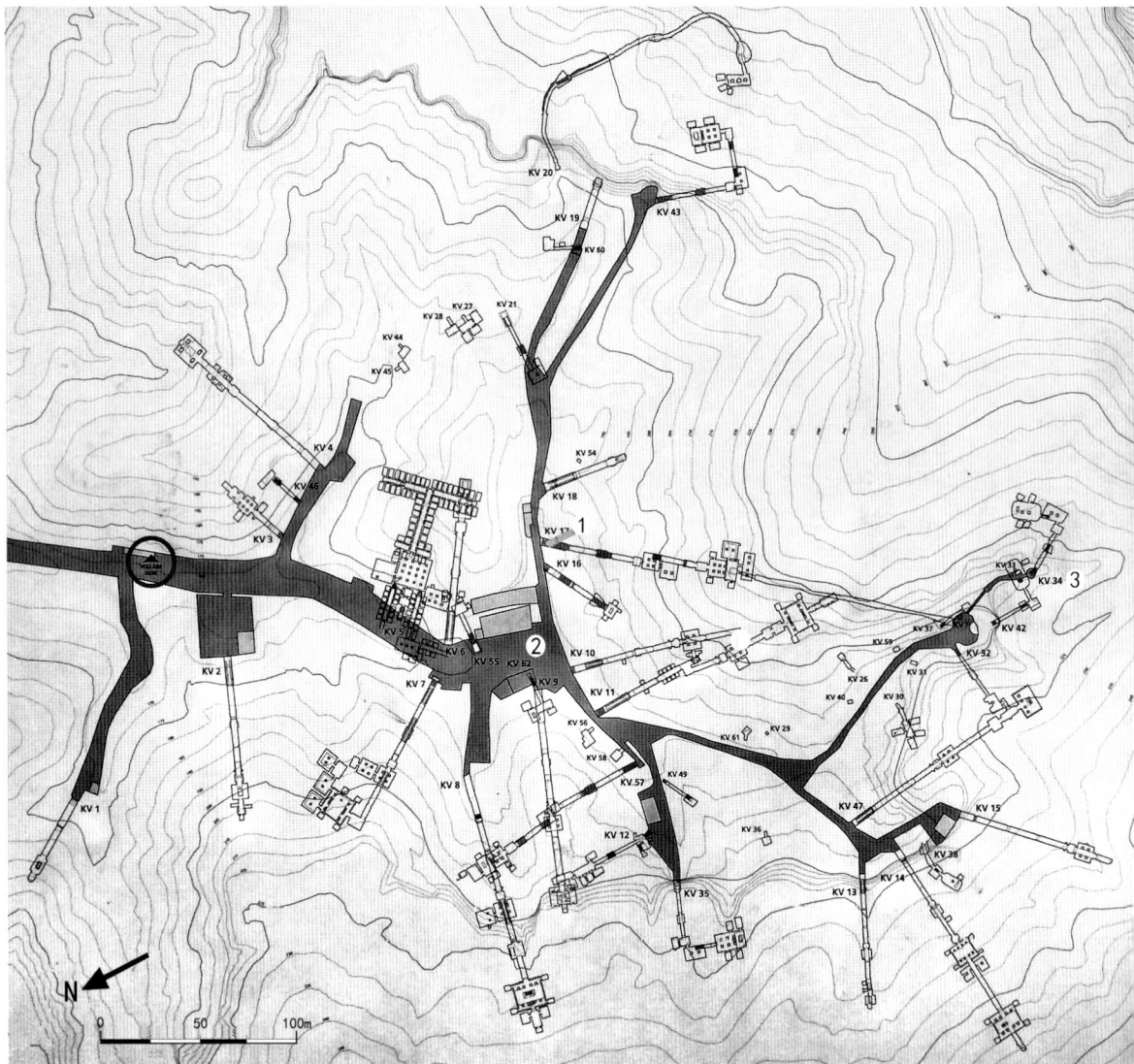

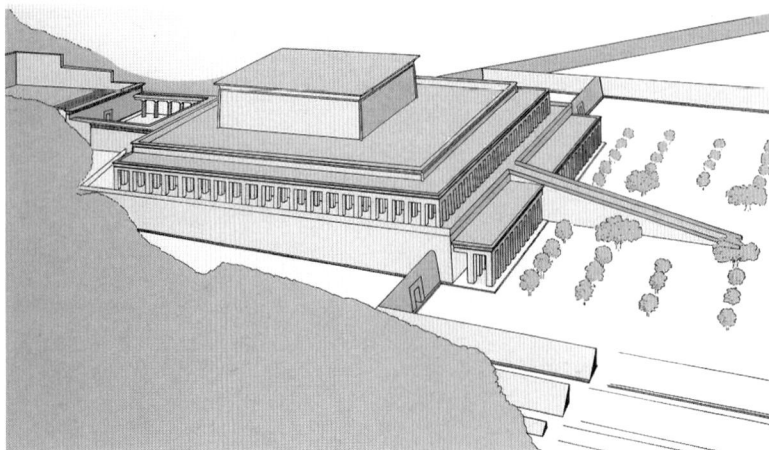

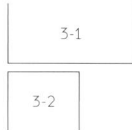

3-1 帝王谷陵墓布局示意

　　1 – 塞提一世陵墓 (KV17)；
　　2 – 图坦卡蒙陵墓 (KV62)；
　　3 – 图特摩斯三世陵墓
　　(KV34)

3-2 门图荷太普二世陵墓复原
　　示意

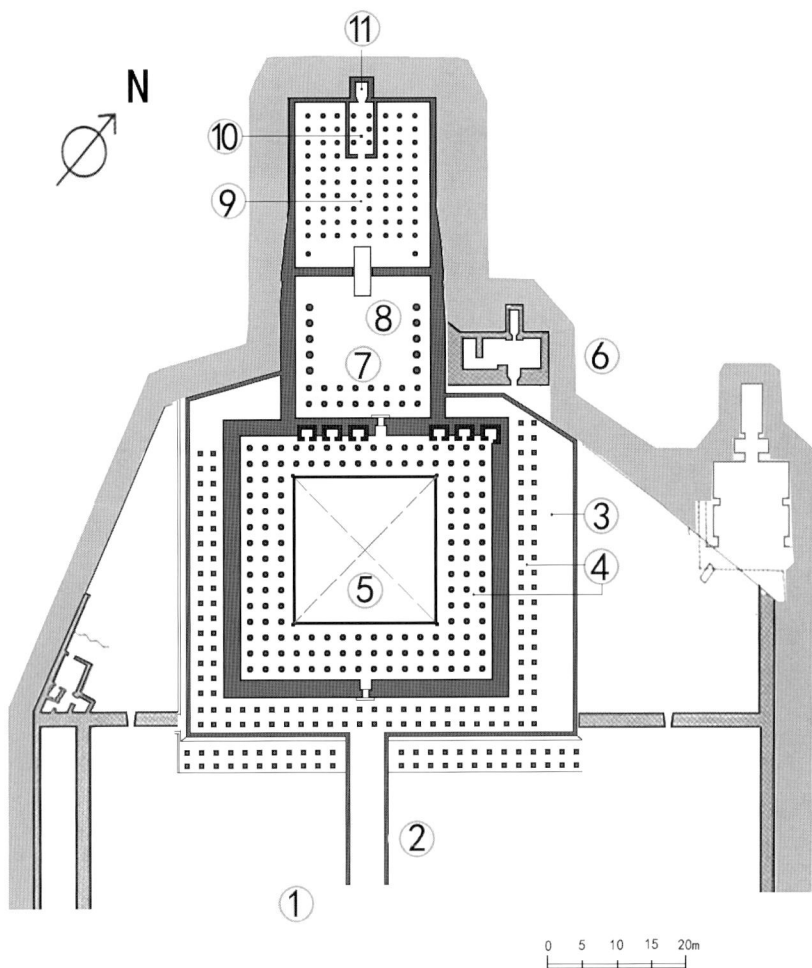

N

3-3 门图荷太普二世陵墓平面
1- 前院；2- 坡道；3- 平台；
4- 回廊；5- 石室陵墓；6- 哈索尔神殿；
7- 内院；8- 门图荷太普陵墓入口；
9- 多柱厅；10- 圣所；11- 神龛

3-4　门图荷太普二世陵墓遗址

3-5　俯视哈特谢普苏特陵墓及门图荷太普二世陵墓遗址

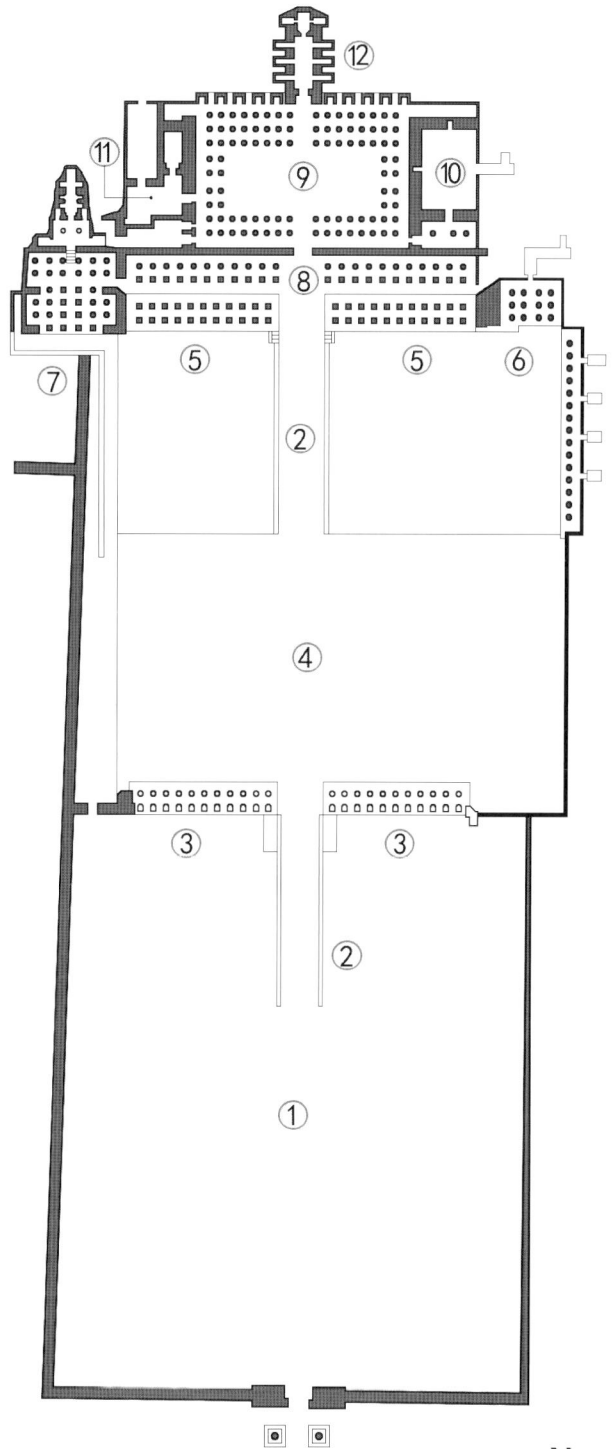

3-6 哈特谢普苏特陵墓平面
1- 前院；
2- 坡道；
3- 首层柱廊；
4- 二层平台；
5- 二层柱廊；
6- 阿努比斯神庙；
7- 哈索尔神庙；
8- 奥西里斯柱廊；
9- 纪念性内院；
10- 太阳神庙；
11- 哈特谢普苏特神庙；
12- 嵌入岩壁内的圣坛

0   10   20   30   40   50m

N

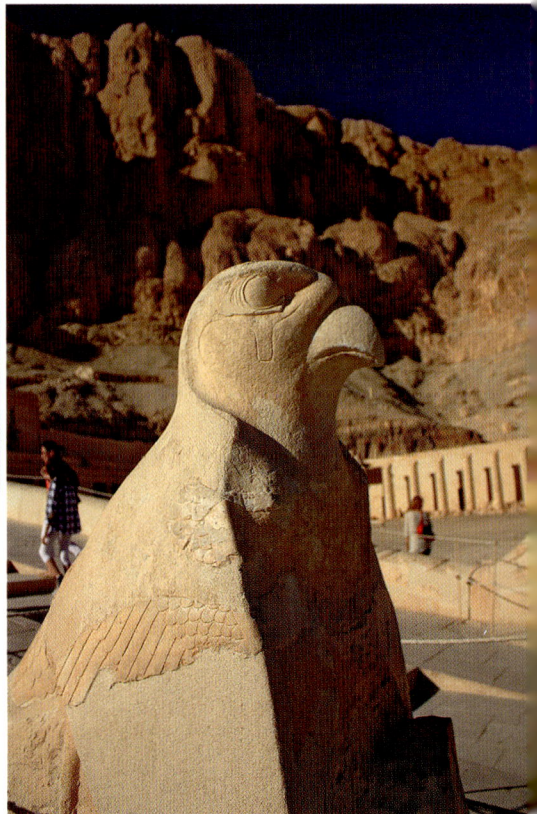

3-7　哈特谢普苏特陵墓立面

3-8　哈特谢普苏特陵墓局部透视

3-9　哈特谢普苏特陵墓大坡道尽端的猎鹰
　　雕像

3-14 俯视哈特谢普苏特陵墓二层纪念性内院

3-15 哈特谢普苏特陵墓奥西里斯柱廊

3-16 哈特谢普苏特的端庄雕像

3-17 哈特谢普苏特陵墓的阿努比斯神庙前的柱廊

3-14	3-17
3-16	3-15

3-19	3-20

| 3-18 |

3-18 法老形象的哈特谢普苏特向阿努比斯奉献祭品

3-19 哈特谢普苏特陵墓纪念性内院

3-20 哈特谢普苏特陵墓内部圣坛入口

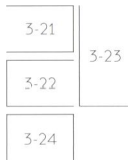

3-21 哈特谢普苏特陵墓檐部彩画显示带翼的女神玛特

3-22 哈特谢普苏特陵墓西侧的哈索尔神殿

3-23 哈特谢普苏特陵墓的哈索尔柱头

3-24 涂有色彩的哈特谢普苏特石灰石雕像，高61cm

陵墓设计树立了典范。据说，昔日陵墓前的坡道连接着狮身人面像大道，大道两侧树木成荫，气势非凡。陵墓二层柱廊的每根方柱前都有哈特谢普苏特的站立雕像，雕像被称为奥西里斯式雕像 (Osirian statues)，哈特谢普苏特的端庄雕像保持着女性的魅力，双臂交叉放在胸前，面部下方有象征法老的假胡须，下身包裹着木乃伊式的葬服。

哈特谢普苏特陵墓在 19 世纪中期被发现时已经是一片废墟，今日的陵墓是从1961 年至今的修复之作。这座陵墓的总设计师名叫森纳穆特（Senemut），他同时也是宫廷总管和阿蒙神庙的祭司，有些资料推测森纳穆特可能还是哈特谢普苏特女王的情人，这种传说更加引起人们对这座陵墓的关注。

3.2 特点鲜明的陵墓
The Tombs with Special Character

入口隐蔽的图特摩斯三世陵墓

图特摩斯三世 (Thutmose III，公元前 1479—前 1425 年) 是新王国时期第 19王朝法老，图特摩斯三世的陵墓最初曾建在女法老哈特谢普苏特陵墓旁，为了消除哈特谢普苏特的影响，图特摩斯三世废弃了自己原有的陵墓，在帝王谷为自己建造了更大的陵墓（KV34）。图特摩斯三世的新陵墓位于帝王谷一处隐蔽的峡谷尽端，陵墓入口选在陡壁上，距地面 30m，外人很难察觉，进入陵墓要穿越一个很狭窄的岩壁裂缝，借助铁梯才能爬上半山腰的洞口。图特摩斯三世建造的陵墓与门图荷太普二世或哈特谢普苏特的陵墓不同之处在于不仅取消了入口前雄伟的神庙，而且建造的入口极为隐蔽，陵墓建造的重点放在洞窟内部的空间处理，是继门图荷太普二世之后的另一次陵墓建造的革新。

图特摩斯三世陵墓内部空间多变，平面布局像似现代建筑运动的"前卫派"，进入洞口后要向下走，经过两段台阶和两段坡道，再穿越一个平面为正方形的向下凹陷的"礼仪性竖井"（ritual shaft）。礼仪性竖井被认为是象征地下之神 (Sokar)在地下的招魂，竖井的实用价值在于防止外界对墓葬室石棺的亵渎和洞外有暴雨时雨水的侵入。从竖井进入墓葬室时方向扭转了 90°，这又是一次加强隐蔽的手法，进入墓葬室要穿越较大的前厅，墓葬室两侧各有两间附属用房，图特摩斯三世陵墓的布局成为后代法老建造陵墓时模仿的范本。

图特摩斯三世陵墓内的壁画也很有特点，像是一套连环图画，叙述古埃及丧葬文献《来世之书》(Amduat)，描绘在圣船中如何度过夜间的 12 小时，最终迎来黎明。[30]壁画中有一幅画把带翼之神与"拉神之眼"结合在一起，下面是一条眼镜蛇，极具想象力。

规模最大的塞提一世陵墓

帝王谷中规模最大的一座陵墓是新王国时期第 19 王朝法老塞提一世 (Seti I or Sethos I，公元前 1294—前 1279 年) 陵墓 (KV17)，从入口到墓葬室的距离超过 120m，塞提一世的陵墓不仅规模最大而且空间复杂，犹如地下宫殿。[31]塞提一世陵墓从隐蔽的入口开始向下行走，经过 2 段阶梯和 2 段坡道，再跨越 1 个礼仪性竖井后进入中间有四柱的方厅，四柱厅长、宽各 8m，与四柱厅相连的二柱厅面积与四柱厅相等，二柱厅被称为绘画厅 (Hall of Drawing)。从四柱厅继续向下行，经过 2 段阶梯和 1 段坡道，穿越小门厅后进入较大的六柱厅，六柱厅附有 4 个大小不等的附属房间 (annexe)，六柱厅的尽端便是墓葬室，塞提一世陵墓的墓葬室和六柱厅连在一起，空间很大，墓葬室后面还有 1 个会议室 (chamber)。从墓葬室还另有一条向下的通道，通道延伸至很远的第二出口。从帝王谷陵墓布局示意图推测，墓葬室至第二出口的距离约在 100m 以上，设置第二出口的意图是为墓葬室提供另一条渠道，有利法老来往现世和来世之间，这种构思在建造金字塔的古王国时代便确立了，此外，第二出口对陵墓施工也极为有利。

塞提一世陵墓的墓葬室首次采用拱形顶棚，拱顶的绘画象征大空，显示出古埃及丰富的天文学知识。陵墓的墓室和通道全部进行装修，墙壁和顶棚布满壁画，装饰华丽，图案和象形文字至今仍十分清晰。墓葬室中曾经有一个白色大理石精制的石棺，石棺长约 3m，大理石板的厚度仅有 5cm，石棺上雕刻着冥界之王奥西里斯乘太阳船历经 12 小时从黑夜到天明的神话。[32]

---

[30] 《来世之书》原意是"Book of What is in the Underworld"，古埃及有关丧葬的文献主要有 3 种版本:《死亡之书》(Book of Death)、《通道之书》(Book of Gate) 与《来世之书》。3 种版本的内容大同小异。《来世之书》是新王国时期关于丧葬的文献，叙述太阳神"拉" (Ra) 在地下世界搭乘一艘"太阳船"，在冥河里由西向东航行，进行重生之旅。也可以理解为一个死亡的灵魂进入下一个世界的过程，从日落到日出的 12 小时，要经历各种考验，要过几道"关口" (Gates)，每道关口都与一位女神有关，会遇到敌人和恶魔，也有神祇和同盟者，要学会识别善恶等，图特摩斯三世陵墓的绘画是《来世之书》最早的版本。

[31] 塞提一世是拉美西斯一世的儿子，拉美西斯二世的父亲。塞提一世在位 15 年，在位期间重振军队，收复阿蒙霍特普四世时期埃及在叙利亚和巴勒斯坦丢失的领土。塞提一世大兴土木，不仅建造了自己的陵墓，还在卡纳克神庙内建造了大多柱厅，卡纳克神庙的大多柱厅可能是古埃及神庙中最非凡的一座建筑物。

[32] 塞提一世陵墓和墓内的石棺于 1817 年被意大利考古学者贝尔佐尼 (Giovanni Battista Belzoni) 在帝王谷中发现，石棺后来被英国收藏家约翰·索恩爵士 (Sir John Soane) 收藏在伦敦他的私人博物馆中。

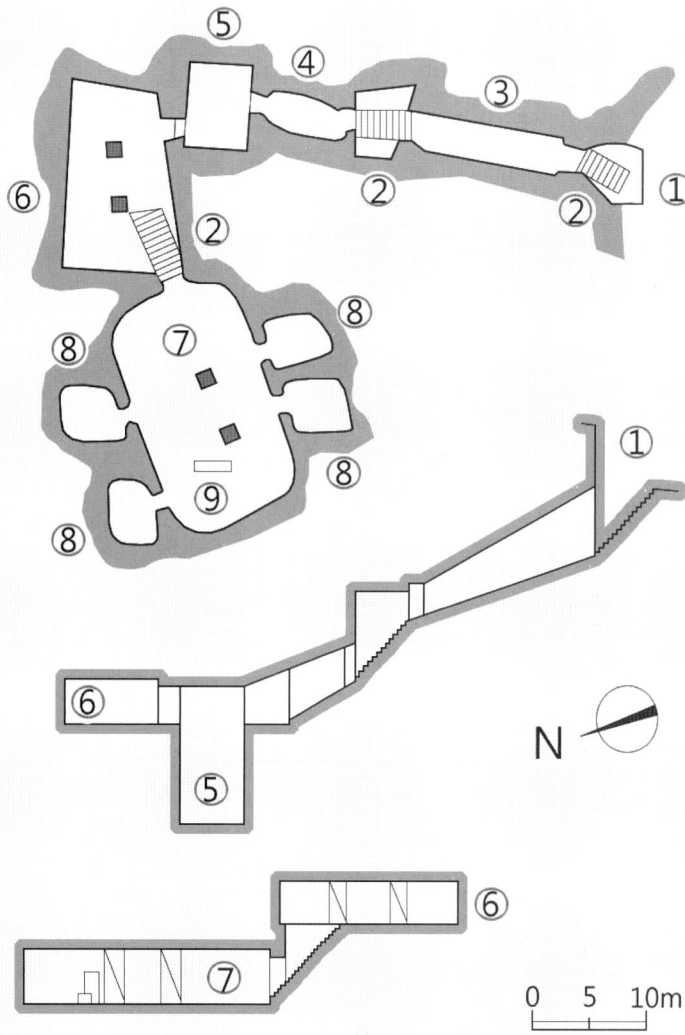

N

0　5　10m

3-28 图特摩斯三世陵墓的隐蔽入口

3-29 图特摩斯三世陵墓二柱墓葬厅透视，左端为石棺

3-30 图特摩斯三世陵墓墓葬厅柱子上有特色的人物绘
画描绘《来世之书》

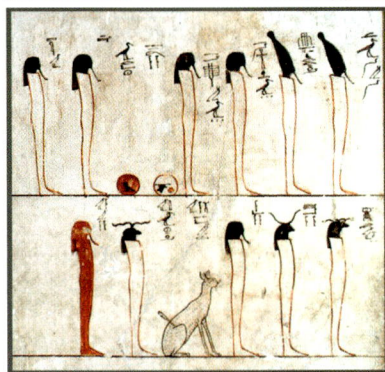

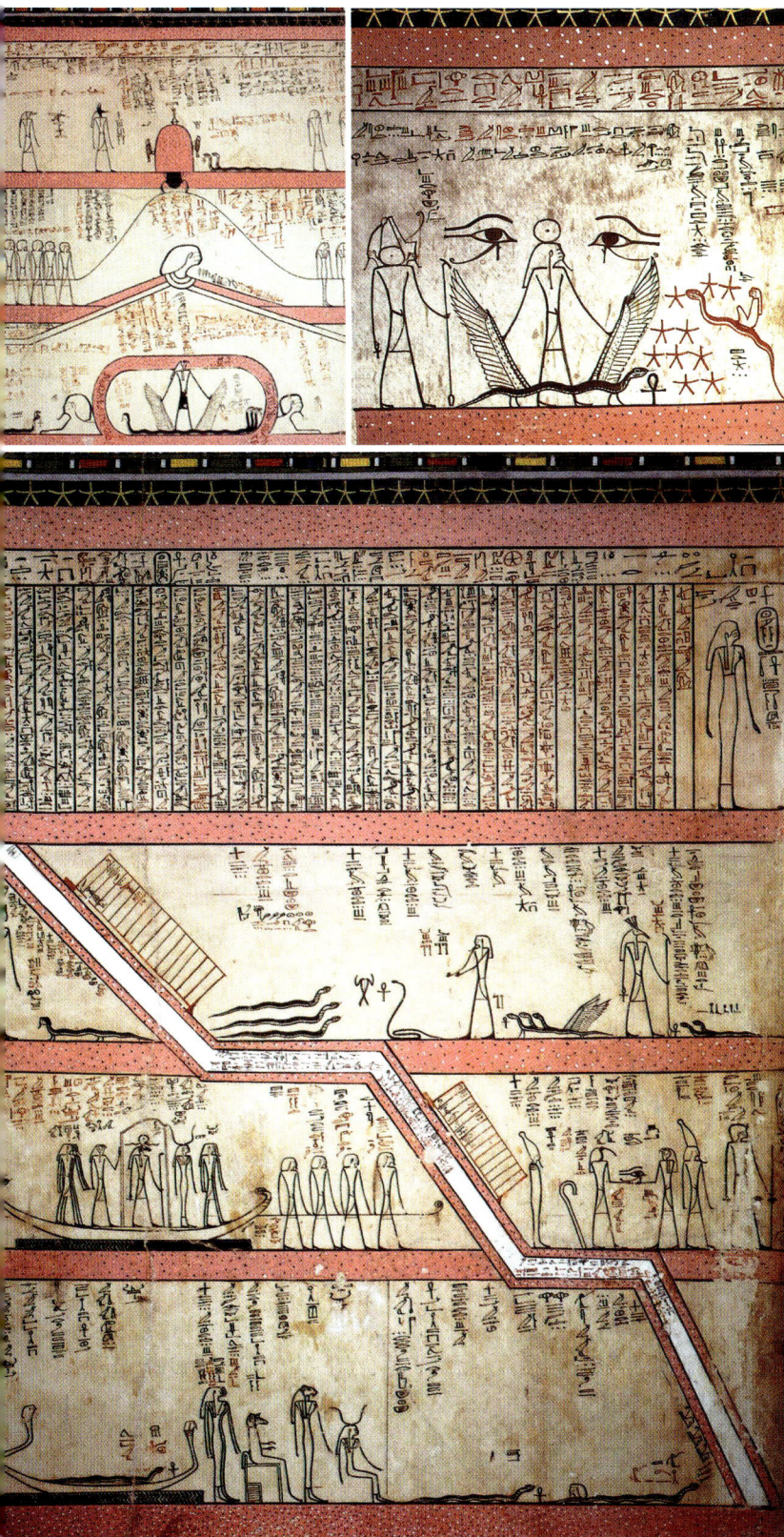

3-32 3-33

3-31

3-31 图特摩斯三世陵墓墓葬
厅壁画描绘《来世之书》

3-32 图特摩斯三世陵墓葬厅
有特色的壁画细部

3-33 图特摩斯三世陵墓葬厅
有想象力的壁画细部，
把带翼之神与拉神之眼
组合在一起

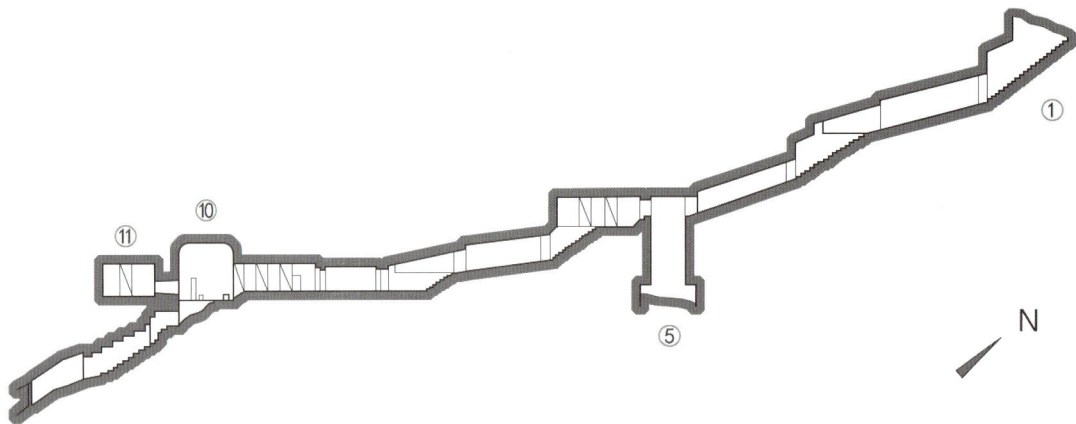

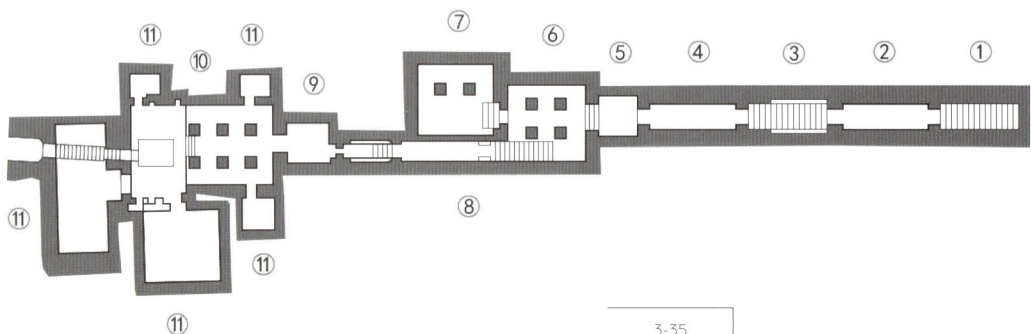

3-34　塞提一世陵墓平面

3-35　塞提一世陵墓剖面

　　1- 入口楼梯；2- 第一段走廊；3- 中间楼梯；
　　4- 第二段走廊；5- 礼仪性竖井；6- 上部的
　　四柱厅；7- 二柱厅画室；8- 走廊与楼梯；9-
　　墓葬厅的前厅；10- 六柱墓葬厅；11- 附加
　　用房

3-36　塞提一世陵墓上部的四柱厅

3-37　塞提一世陵墓上部四柱厅通向通道的出口

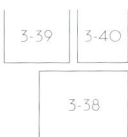

3-38 塞提一世陵墓的六柱墓葬厅

3-39 塞提一世陵墓附加用房也有精细的绘画

3-40 塞提一世陵墓墓葬厅拱形顶板

3-41　塞提一世陵墓中壁画通向来世的木船

3-42　塞提一世陵墓墓葬厅前厅浮雕

3-44	
3-43	
3-45	3-46

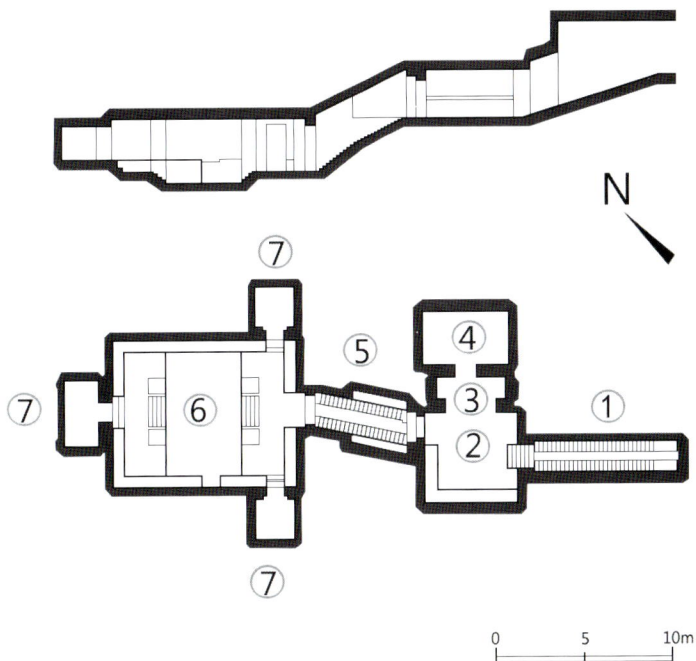

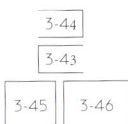

3-43 尼斐尔泰丽陵墓平面

3-44 尼斐尔泰丽陵墓剖面

1- 入口与第一段楼梯；2- 前厅；3- 过厅；4- 前厅的辅助厅；
5- 第二段楼梯；6- 四柱墓葬厅；7- 墓葬厅的辅助用房

3-45 尼斐尔泰丽陵墓通向墓葬厅入口的壁画为带翼的女神

3-46 尼斐尔泰丽陵墓的前厅壁画描绘《死亡之书》

3-47

3-48

3-47　尼斐尔泰丽陵墓的四柱墓葬厅透视
　　　对称的布局

3-48　尼斐尔泰丽陵墓四柱墓葬厅立柱外
　　　侧的壁画为尼斐尔泰丽和头顶太
　　　阳光盘的爱神哈索尔

3-49　尼斐尔泰丽陵墓前厅辅助用房壁画描绘尼
　　　斐尔泰丽与诸神

3-50　尼斐尔泰丽陵墓的绘画显示尼斐尔泰丽在
　　　玩塞尼特游戏

3-51　尼斐尔泰丽陵墓走道两侧的绘画显示带翼
　　　的女神玛特

3-52　尼斐尔泰丽陵墓的绘画显示哈索尔女神的
　　　牛和划船的桨

3-53　尼斐尔泰丽陵墓中的尼斐尔泰丽的画像

特点鲜明的尼斐尔泰丽陵墓

在王后谷中，拉美西斯二世的王后尼斐尔泰丽 (Nefertari，公元前 1290—前 1254 年) 的陵墓 (QV66) 最为突出，尼斐尔泰丽的墓葬室中有 4 根立柱，3 面设有侧厅，室内布满壁画，壁画精良。[33] 尼斐尔泰丽陵墓中的壁画详细描绘了尼斐尔泰丽的生活，同时也展示了她与神祇的亲密关系。尼斐尔泰丽陵墓入口宽敞，两侧是踏步，中间是坡道，正方形前厅的东侧另设一间附厅，从前厅进入墓葬厅的坡道很宽敞，墓葬厅为四柱厅，两侧有附厅，墓葬厅中间下沉，正面有一间面积很小的内殿 (cella)。尼斐尔泰丽陵墓通向墓葬厅入口上方的壁画是带翼的女神伊西斯，前厅壁画描绘《死亡之书》中的部分章节。尼斐尔泰丽陵墓的四柱墓葬厅透视显示出严格对称的布局，尽端是密室，墓葬厅立柱外侧的壁画为尼斐尔泰丽和头顶太阳光盘的爱神哈索尔，哈索尔手中持有生命之符。尼斐尔泰丽陵墓前厅辅助用房的墙壁也布满壁画，描绘尼斐尔泰丽与诸神的情景。此外，陵墓中还有一些描绘尼斐尔泰丽和诸神生活细节的壁画，有一幅是显示尼斐尔泰丽在玩塞尼特 (senet) 游戏，另一幅显示哈索尔女神的牛，包括 6 只母牛和 1 头公牛，下方是划船的桨，典故源自《死亡之书》，尼斐尔泰丽陵墓走道处有一幅壁画显示带翼的女神玛特 (Maat) 与逝者的守护女神赛尔科特 (Serket)，表现出人物与象形文字圣书体的有机组合。

3.3　充满生活气息的陵墓
The Tombs with Vivid and Lively Atmosphere

埃及法老时代的祭司、贵族和工匠头也效仿法老为自己建造陵墓，已发掘的古埃及私人陵墓超过 500 处。私人陵墓布局相对简单，但生活气息浓厚，法老的陵墓多宣扬个人的战功，同时把自己紧密地和神祇连在一起，私人陵墓中的绘画则更多的是描绘大众生活。距帝王谷和王后谷不远的德尔麦迪那 (Deir el-Medina) 有不少古埃及工匠头和艺术家的陵墓，工匠和艺术家们为了建造法老们的陵墓在德尔

---

[33] 尼斐尔泰丽的名字有"美丽的伴侣"、"最美的女人"或"最好的女人"等含义，一般认为她是拉美西斯二世最宠爱的王后。在古埃及历史上，克娄巴特拉七世（Cleopatra VII, 公元前 69—前 30 年）、娜芙蒂蒂及哈特谢普苏特之外，尼斐尔泰丽是最有名的王后。克娄巴特拉是古埃及托勒密王朝的末代女王，在西方电影中被称为"埃及艳后"。

麦迪那地区世代居住 200 余年，他们不仅为自己建造了工人村，也在高地上为自己建造了陵墓。在工匠和艺术家的陵墓中也有许多艺术价值极高的作品，这些作品不仅使我们了解到 3000 年前埃及人的生活状况，也使我们汲取了珍贵的艺术营养。

大祭司拉摩斯的陵墓

拉摩斯陵墓 (Tomb of the Ramose,TT55) 是古代埃及最大的私人陵墓之一，拉摩斯曾任新王国第 18 王朝的大祭司和维奇尔，据说他还是著名建筑师森纳穆特的父亲。拉摩斯陵墓不仅规模大而且空间丰富，入口的楼梯中间设有坡道，在他的陵墓中甚至还有一间立有 32 根立柱的多柱厅，柱厅规模超过某些法老，多柱厅内的壁画和浮雕展示了拉摩斯葬礼的过程，陵墓像是一座纪念馆。拉摩斯葬礼过程的壁画是一幅横向长卷，其中有一段"一群感动的女人"尤为突出，画中的女人高举双手，向主人祈福，不仅人物高低错落，形象生动，多种姿态的双臂形成完美的构图，仔细观察，还能看到人物的泪珠。拉摩斯陵墓多柱厅内还有一幅拉摩斯父母的浮雕，2 人头戴假发，佩戴项链，雕刻精细，被认为是古代最好的雕刻之一。古埃及男女均戴假发，女人的假发比男人长，身高相对较矮，而且站在后面。拉摩斯陵墓中的石雕"战败的敌人" 表现力很强，石雕只是初稿，初次看到会误以为是当代前卫派的作品。

工匠领班门纳的陵墓

门纳陵墓 (Tomb of Menena,TT69) 的平面是私人陵墓的典型，横向大厅与纵向大厅组合在一起呈 T 字形，尽端有一个放置主人雕像的壁龛。门纳是新王国第 18 王朝的著名工匠领班、艺术家，门纳陵墓的壁画很出色，突出反映农业丰收和人民生活的场景。门纳陵墓有一幅美女向主人奉献荷花和纸莎草的壁画，衣着典雅，气度非凡，显示了高超的构思和艺术水准。

天文学家纳黑特的陵墓

天文学家纳黑特陵墓 (Tomb of Nakht, TT52) 平面似乎很随意，但内部壁画质量很高。入口上方的壁画布局对称，四周是奉献各种祭品的人物，中间是陵墓的大门，大门的装饰很典雅，有些像门楼的入口。陵墓内有一幅壁画显示新王国时期的制酒过程和捕鸭情况，非常写实。另一幅壁画描绘的是丰盛的祭品，画面布局对称，仔细观察还会发现其微妙的变化，从中不仅可以欣赏到古埃及的各种农产品，也能

3-54　德尔麦迪那私人陵墓区鸟瞰，远处为
　　　　哈特谢普苏特陵墓

3-55　德尔麦迪那私人陵墓区透视

3-58

3-56   3-57

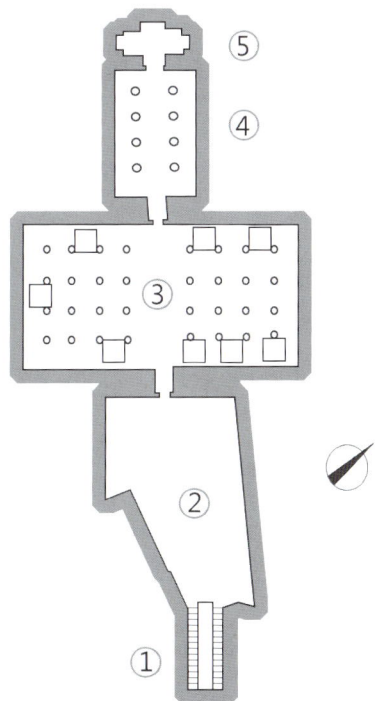

3-56 拉摩斯陵墓平面
1- 入口楼梯中间是坡道；2- 前厅；3- 横向
多柱厅；4- 纵向大厅；5- 内殿

3-57 拉摩斯陵墓的横向多柱厅

3-58 拉摩斯陵墓多柱厅的壁画显示拉摩斯的墓
葬仪式

3-59 拉摩斯陵墓壁画墓葬仪式人群中一群感动的女人

3-60 拉摩斯陵墓壁画墓葬仪式中人们抬着墓葬的用品

3-61 拉摩斯陵墓壁画墓葬仪式中人们抬着向主人奉献的祭品

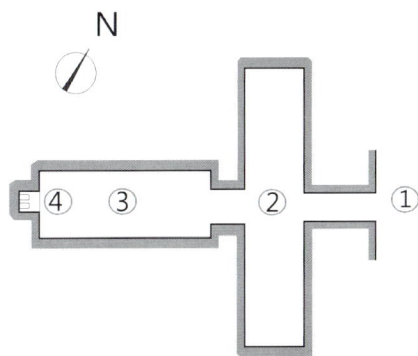

N

3-62 拉摩斯陵墓壁画描绘战败敌人的初稿

3-63 仆人向拉摩斯奉献水果和鸡鸭

3-64 拉摩斯陵墓的浮雕显示拉摩斯的戴假发的双亲

3-65 门纳陵墓平面
　　1- 入口；2- 横向大厅；3- 纵向大厅；4- 雕像壁龛

3-66 门纳陵墓中耕牛参加农
业劳动的壁画

3-67 门纳陵墓中表现农民丈
量土地的壁画

3-68 门纳陵墓壁画显示钓鱼
场景的细部

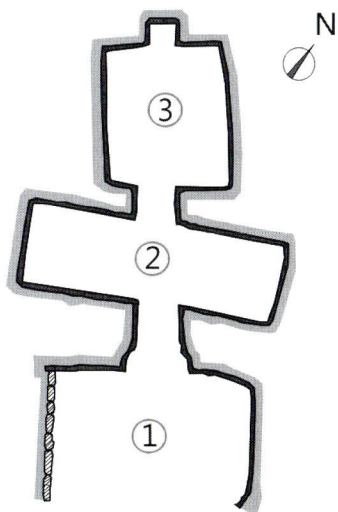

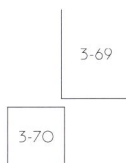

3-69　门纳陵墓壁画中美女在宴会上向门纳奉献
　　　荷花和纸莎草

3-70　纳黑特陵墓平面
　　　1- 门厅；2- 前厅；3- 墓葬厅

3-71 纳黑特陵墓内入口上方的壁画

3-72 纳黑特陵墓中壁画显示制酒过程和捕鸭情况

3-73
3-74

3-73 纳黑特陵墓中壁画显示丰盛的祭品

3-74 纳黑特陵墓中壁画显示宴会上的妇女

领略到当时的绘画水准。纳黑特陵墓中还有一幅"宴会上的妇女"，画面生动活泼，服装"新潮"，人物的眼睛特别明显，颇有"画龙点睛"的效果。纳黑特是古埃及宗教改革时期阿肯那顿法老的重臣，阿肯那顿本人的雕塑重视写实，似乎纳黑特陵墓的绘画效果也有阿肯那顿的影响。

3.4 古埃及陵墓的布局和建造模式
The Construction Patterns of Ancient Egyptian Tombs

早期在帝王谷和王后谷建造的陵墓多在峭壁顶部的碎石山坡，以后改在山谷底部建造陵墓，由于山谷底部碎石增多，又逐渐向山谷上部发展。古埃及的陵墓规模大小不等，完全根据法老执政期间的经济实力，初期建造的陵墓并无一定的规律，后期逐渐形成几种固定的模式。建造陵墓首先要开凿一条向下倾斜的通道，通道穿越一个或数个过厅，象征太阳神走向地下世界，在较早的陵墓中，通道至少要有一次 90 度扭转，这种做法被称为"扭转轴线"(Bent Axis)，陵墓建成后，上段通道以碎石填充，有些陵墓虽不扭转 90 度，但要在中段有些空间变化，这种做法被称为"摇摆轴线"(Jogged Axis)，也有最普通的陵墓做法，称为"垂直轴线"(Straight Axis)。古埃及陵墓一般均不在陵墓入口处建造神庙，早期建造的门图荷太普二世陵墓与哈特谢普苏特陵墓是特例，反之，大多数陵墓更加重视入口的隐蔽性。

大型陵墓内功能完善，为了防止雨水侵入陵墓，多数陵墓在向下的通道内掘井或建造井室 (well room)，收集雨水，也称"礼仪性竖井"〔ritual shaft〕。进入墓葬室 (burial chamber) 之前先经过较大的前厅 (antechamber)，前厅旁有时还设有侧厅〔side chamber〕，墓葬室旁普遍布置储藏室和财宝室，保证法老转世后的优越生活。由于地质结构的变化，陵墓的布局必须因地制宜，也促使规模较大的陵墓形成丰富多变的空间，在跨度大的墓室中间留有立柱。

考虑到盗墓现象的猖獗和外来势力的入侵，埃及法老们为了保护祖先的木乃伊不被盗走，便想出一项独特的措施，把祖先的木乃伊相对集中存放，避免盗墓人的破坏，先是把一些法老的木乃伊分别存在阿蒙霍特普一世 (Amenhotep I) 陵墓和阿蒙霍特普二世 (Amenhotep II) 的陵墓中，不久以后，又集中到帝王谷代尔拜赫里 (Deir el-Bahri) 的一个专门建造的陵墓隐蔽所中。

4 埃及新王国时期的神庙
The Temples of the New Kingdom

埃及神庙是古代埃及重要的建筑类型，神庙的功能在于对神祇的祭祀和对法老的崇拜，并有宣扬国威、王权的作用，神庙建成后，通常会指定祭祀某位神祇或纪念某位法老王，埃及人在神庙内进行各种祈祷仪式。虽然神庙的发展可追溯到公元前 4500 年，但是神庙的大力兴建始于停止金字塔的建造之后，最初建造的神庙比较简单，新王国时期形成建造神庙的高潮。

4.1　卡纳克神庙群
The Temple Complex of Karnak

底比斯是古埃及中王国和新王国时期的首都，中王国时期的首位法老门图荷太普二世结束了第一中间期，重新统一古埃及，把底比斯作为行政中心。卡纳克神庙群位于尼罗河东岸，是底比斯最古老和最大的庙宇，神庙群分为 3 区，各区均有独立的围墙，中间区占地约 30hm^2，中间区的太阳神庙保存最完好，也是规模最大的神庙，神庙献给太阳神阿蒙。北区的神庙献给战神蒙图，战神是底比斯地区早期的神祇，北区占地约 2.5hm^2，南区的神庙献给女神姆特 (Mut)。[34] 卡纳克神庙群的南侧还有著名的卢克索神庙，每逢宗教季节，尤其是在奥皮特节 (Opet Festival)，宗教仪式从卡纳克神庙群开始，游行到卢克索神庙结束，二者之间有一条 3.2km 长的石板大道，两侧密排着羊羊像，路面夹杂着一些包着金箔或银箔的石板，气势雄伟。雄伟的神庙是古埃及重要的纪念性建筑，虽然通过宗教信仰可以凝聚民心，但是通过神庙展示国威、宣传法老功绩的作用远远超过宗教信仰。[35]

卡纳克神庙群的建造始于公元前 2000 年古埃及中王国初期，但是大部分建筑物建造于新王国时期，并持续建造至托勒密王朝，卡纳克神庙群的建造历经 30 位法老，长达 2000 多年，成为古埃及持续建造时间最长的神庙。卡纳克神庙群中献

---

[34] 古代埃及的神祇名称和含义在漫长的历史中有许多变化，古王国时期的埃及人把太阳神"拉"(Ra or Re) 作为主神或众神之王，阿蒙神 (Amun or Amon) 最初仅是底比斯的地方神祇 (state god)，新王国时期阿蒙神地位提升为主神—太阳神，为了进一步明确其主神的地位，有时也称之为阿蒙—拉 (Amun-Ra)。又如战神 (god of war) 蒙图 (Montu or Mont,Monthu,Montju) 最初称为太阳鹰神 (solar hawk god)，蒙图一度被认为是底比斯地区的主神，也曾被认为是保卫家庭幸福生活之神，若把 Montu 与 Ra or Re 连在一起如 Montu-Ra 便明确是指太阳神。女神姆特 (Mut) 也有多种含义，如拉神的眼睛 (Eye of Ra)、诸神的母亲 (Mother of Gods)、女神的王后 (Queen of Goddesses) 等。

[35] 奥皮特节或称美丽节 (Opet Festival or Beautiful Feast)，是新王国时期底比斯最重要的节日，是庆祝太阳神阿蒙—拉 (Theban Triad-Amun)、女神姆特 (Mut) 和月神孔斯 (Khonsu)3 人的节日。

给太阳神阿蒙的中间区神庙有十重巍峨的门楼 (Pylons)，大小殿堂 20 余座，以及相应的柱廊、庭院、纪念性方尖碑、法老雕像、圣湖、圣坛和 1300 个狮身羊首像，蔚为壮观，是研究埃及中王国和新王国时期的建筑、历史和文化的重要史料。

气势磅礴的门楼与前院

卡纳克神庙群献给太阳神阿蒙的中间区总体布局有 2 条明显的轴线，主轴线为东西方向，次轴线为南北方向，两条轴线交会在中间区的中心部位。中间区从西端开始，首先是两侧排列着狮身羊首像的大道，大道通向第一道门楼，沿着东西向主轴线，从西向东共有 6 道门楼，第 7 道至第 10 道门楼从主轴线中间部位转向南侧，沿着南北向次轴线布置，第 10 道门楼外又是狮身羊首像大道，南侧的大道延伸至献给女神姆特的南区。古埃及神庙门楼有固定的制式，高大的门楼两侧是对称的矩形塔楼，中间入口相对低矮，穿越门楼入口要经过 2 道门，门楼两端的墙微微向中心倾斜，形成雄伟、稳定的视觉效果，门楼内设有通向屋顶的楼梯，每当国家发生重要事件时，法老会出现在入口上方的平台上，接受人民敬仰，每逢宗教节日，神祇的雕像会出现在门楼的出口处，接受信徒祭拜。门楼尺度很大，第 1 道门楼高 44m，宽 131m，全部用石料建造，门楼外侧用规整石块砌筑，内部以不规整的石块填充，门楼表面有巨幅雕刻，展现法老的丰功伟绩。

太阳神庙的第 1 道门楼和第 2 道门楼之间是很大的前院 (Outer Court)，前院规模约为 103m×84m，前院南北两侧柱廊围合，前院是朝拜人群聚会的地方，也是人们与神祇沟通的场所。前院正中是塔哈尔卡柱廊 (Colonnade of Taharqo)，前院南侧通向拉美西斯三世神庙 (Temple of Ramesses Ⅲ)，前院西北角是塞提二世建造的三圣殿 (Triple barques shrine of Seti Ⅱ)。[36]

前院沿中轴线的塔哈尔卡柱廊高大、雄伟，但破坏较多，现在仅存一根独柱，高约 26.5m。前院的拉美西斯三世神庙保存完好，内有奉献给太阳神一家的大殿，不仅平时可以祭奠神祇，节日游行期间也可以停放神像。塞提二世建造的三圣殿功能与拉美西斯三世神庙相似，但规模较小，两座神庙建造的时间不同，布局也不一样，彼此能够互相呼应，丰富了前院的空间。第 2 道门楼前有 2 座雕像，是第 21 王朝大祭司 (priest-king) 皮努吉姆一世 (Pinudjem Ⅰ，公元前 1070—前 1055 年) 的雕像，其中的一座保护尚好。

㊱ 塔哈尔卡（Taharqa）是古埃及第 25 王朝（公元前 689—前 663 年）法老，古埃及第 25 王朝也称努比亚王朝，塔哈尔卡柱廊是塔哈尔卡法老建造的柱廊。

雄伟的多柱厅

太阳神庙的第 2 道门楼和第 3 道门楼之间是大多柱厅 (Great Hypostyle Hall)，大多柱厅建造于公元前 1290—前 1224 年期间，设计方案最初是哈特谢普苏特女法老制定的，塞提一世建造了大多柱厅的主体，拉美西斯二世完成了大厅南侧的室内装修，以后的几代法老陆续完善了室内碑文和雕刻，大多柱厅是卡纳克神庙群中规模最大并且保护最好的一座神庙。大多柱厅长约 102m，宽约 53m，占地面积约 6000m²。大多柱厅共有 134 根圆形石柱，分 16 行排列，中央 2 排石柱特别高大，形成高侧窗采光，采光高窗照亮了多柱大厅的中央大道。中央 2 排石柱高达 23m，直径 3.57m，柱头为纸莎草花型，是古代建筑中最高大的石柱。卡纳克神庙大多柱厅圆柱上刻有精致的浮雕，既表现宗教内容也歌颂国王业绩，并附有铭文，柱间额枋和顶板上的彩绘格调典雅，大多柱厅以密集的粗柱创造出一种既神秘又雄伟的视觉效果。密集的粗柱也是结构的需要，因为石结构的梁、板跨度不能太大。此外，密柱也有象征意义，远古埃及人相信天空可以用柱支撑。粗圆柱的柱头采用人民喜闻乐见的纸莎草花造型，建筑艺术与地区环境结合。

方尖碑、圣坛与中王国庭院

太阳神庙第 4 道门楼和第 5 道门楼尺度相对较小，2 道门楼之间的距离也较小，著名的哈特谢普苏特方尖碑 (obelisks) 和瓦吉特 (Wadjet) 神庙布置在两道门楼之间。[37] 第 6 道门楼更小，第 6 道门楼东侧是圣坛 (Barque shrine)，圣坛东侧是中王国庭院 (Courtyard of Middle Kingdom)。

今日在卡纳克神庙能看到的方尖碑有 2 座，较矮的一座方尖碑是图特摩斯一世于公元前 1490 年前后建立的，原来是一对，分别立在第 3 门楼和第 4 门楼之间通道的两侧，昔日方尖碑顶端曾涂着银色。较高的一座方尖碑是哈特谢普苏特女王树立的方尖碑，高约 27.5m，重约 320t，建于公元前 1470 年，原来也是一对，其中一座方尖碑在希克索斯人占领期间遭到破坏而倾倒，现在仅存的方尖碑是世界上最高的方尖碑。图特摩斯三世执政期间在哈特谢普苏特方尖碑周围盖了瓦吉特神庙，为了遮挡人们的视线，试图淡化哈特谢普苏特的影响，这种做法恰好对方尖碑起了

---

[37] 瓦吉特曾经是古埃及前王朝的一位地方神祇，后来成为下埃及的守护神，瓦吉特的形象为蛇首人身，蛇首是埃及常见的眼镜蛇首，瓦吉特盘绕太阳的形象是下埃及王冠的象征，上、下埃及统一后，瓦吉特与上埃及的秃鹫女神一起成为埃及的守护神。

保护作用。据卢克索博物馆中的石刻记载，哈特谢普苏特将一对方尖碑献给她的父亲、太阳神阿蒙，方尖碑外侧涂有白金，使高大的方尖碑在视觉上似乎能穿透天空。[38]

太阳神庙第 6 道门楼是图特摩斯三世建造的，门楼东侧是圣坛，圣坛沿中轴线布置，圣坛东、西两端均有门，图特摩斯三世在圣坛南北两侧又建造了有回廊的内院，此后，内院被分隔成辅助用房。图特摩斯三世还在圣坛一侧建造了 2 座有象征性的花岗石纪念柱，柱高 6.77m，柱头的图案象征上、下埃及的统一。

中王国庭院很大，庭院内在圣坛东侧沿中轴线设有祭坛，祭坛两侧有厅堂，作为准备奉献用品使用，由于破坏太多，现在只有残垣断壁。

节日神庙与东门

太阳神庙的中王国庭院东侧是图特摩斯三世节日神庙 (Festival Temple of Thutmosis Ⅲ)，图特摩斯三世节日神庙是卡纳克神庙群中另一座不仅规模大而且保护相对完好的建筑物，图特摩斯三世节日神庙最初仅仅是为了纪念他本人登基周年，后来成为底比斯庆祝"美丽节"的纪念性神庙，美丽节是纪念太阳神阿蒙—拉、女神姆特和月神孔斯 3 人的节日。[39]

图特摩斯三世节日神庙的内部功能比较复杂，包括图特摩斯三世节日神庙的大前厅 (Great vestibule of "Heret-ib")、太阳庙 (Solar Chapel)、木殿 (Wooden Naos)、植物园与圣地中的圣坛 (Botanical garden and Holy of Holies)、亚历山大大帝神庙 (Chapel of Alexander the Great) 及南仓库 (Southern Storerooms) 等。节日神庙的大前厅相对保护完好，大前厅外围是方柱，中间是圆柱，圆柱的形式被称为帐篷杆柱式 (Tent Pole columns)，是古埃及最早的柱形之一，节日神庙大前厅的室内彩画尤为突出，虽历经 4000 年，却依然能看到昔日的风采。令人感兴趣的还有节日神庙的植物园，遗憾的是所谓的植物园仅仅是一间刻有动植物壁雕的房间，作为提供给神祇或法老欣赏的祭物，说明法老们不仅重视物质享受，也很重视环境。在节日神庙还发现有可以登上平屋顶的楼梯，原来古代埃及也很重视利用屋

---

[38] Dietrich Wildung. Egypt: From Prehistory to The Romans[M]. Kolon:Benedikt Taschen Verlag GmbH Hohenzollernrinb, 1997:105.

[39] 古埃及人曾经把阿蒙与姆特视为夫妻，孔斯是他们的儿子，因此，孔斯常以儿童的形象出现，头上还顶个月亮。古埃及新王国时期每年约有 60 个宗教节日，美丽节是新王国时期底比斯最重要的节日，一般在雨季的第二个月份举行，祈求神祇保佑农业丰收。按照古埃及历法，每年 365 天，分为 12 个月，每月 30 天，余下的 5 天作为节日，同时还把一年分为 3 季，即"雨季"、"长出五谷季"、"收割季"，每季 4 个月。

顶，由于节日神庙大部分建筑物已经破坏，无法欣赏到节日神庙的雄伟全貌。

太阳神庙东端曾经设有东门 (East Gate)，东门没有门楼，图特摩斯三世节日神庙和东门之间建有拉美西斯二世东庙 (East Temple of Ramesses II)，拉美西斯二世东庙破坏较大，仅有断垣残柱。

中间区南、北两侧的布局

太阳神庙的第 7 道门楼是特摩斯三世建造的，第 7 道门楼设在第 3 道门楼南侧，第 7 道门楼至第 10 道门楼沿着南北向轴线布置，门楼之间再围合出 4 个内院，几道门楼均破坏较多，第 7 道门楼和第 8 道门楼的雕刻相对保护较好，其中第 7 道门楼西塔楼上的浮雕"重击敌人"是卡纳克神庙群中保存最完整的雕刻之一，"重击敌人"浮雕高约 63m，创作于公元前 1450 年，显示了图特摩斯三世的战功。第 10 道门楼外向南有很长的大道，两侧排列狮身羊首像，大道通向女神姆特神庙区和卢克索神庙。

图特摩斯三世节日神庙南侧和第 7 道门的东侧是一片清澈的圣水湖 (Sacred Lake)，湖面很大，平面呈矩形，今日的水面很小，相信昔日一定相当壮观。卡纳克神庙中间区的西南角还建有月神孔斯的神庙 (Temple of Khonsu)，规模较小。

卡纳克神庙群内曾经还有过许多规模较小的神庙，历史价值很高，例如哈特谢普苏特的红庙 (Red Chapel of Hatshepsut) 和辛努塞尔特一世的白庙 (White Chapel of Senusret I)。[40] 辛努塞尔特一世建造的白庙以白色石灰石建造，建于公元前 1925 年，白庙在卡纳克神庙内最初建造的地址不详，昔日作为辛努塞尔特一世周年纪念的圣坛，白庙建造的制式与当时一般神庙制式不同，对后世颇有启发。红庙建于公元前 1460 年，因采用棕色石英石建造而得名，红庙是哈特谢普苏特在卡纳克神庙中心建造的圣坛。有人认为红庙圣坛最初是船形的建筑物，卡纳克神庙群内有一幅浮雕，作为这段历史的证明，根据推测，浮雕显示的仅仅是昔日红庙圣坛内的木制"红庙圣船"（Chapelle Rouge），太阳神隐蔽在木制圣船上的红庙内。红庙圣坛一度被图特摩斯三世摧毁，部分石料用于建造第 3 道门楼，剩余的 2/3 石料被法国考古学家发掘，在卡纳克神庙中间区的西北空地上重新修建了红庙，红庙墙上的雕刻充分展示了美丽节的情景，是极有价值的史料。白庙和红庙现在均移建在中间区的西北地段，成为卡纳克神庙露天博物馆的一部分，露天博物馆内保留着许多昔日卡纳克神庙遗留下来的文物，据说超过 300 件。

---

[40] 辛努塞尔特一世是古埃及第 12 王朝法老，约公元前 1970 年—前 1934 年在位。

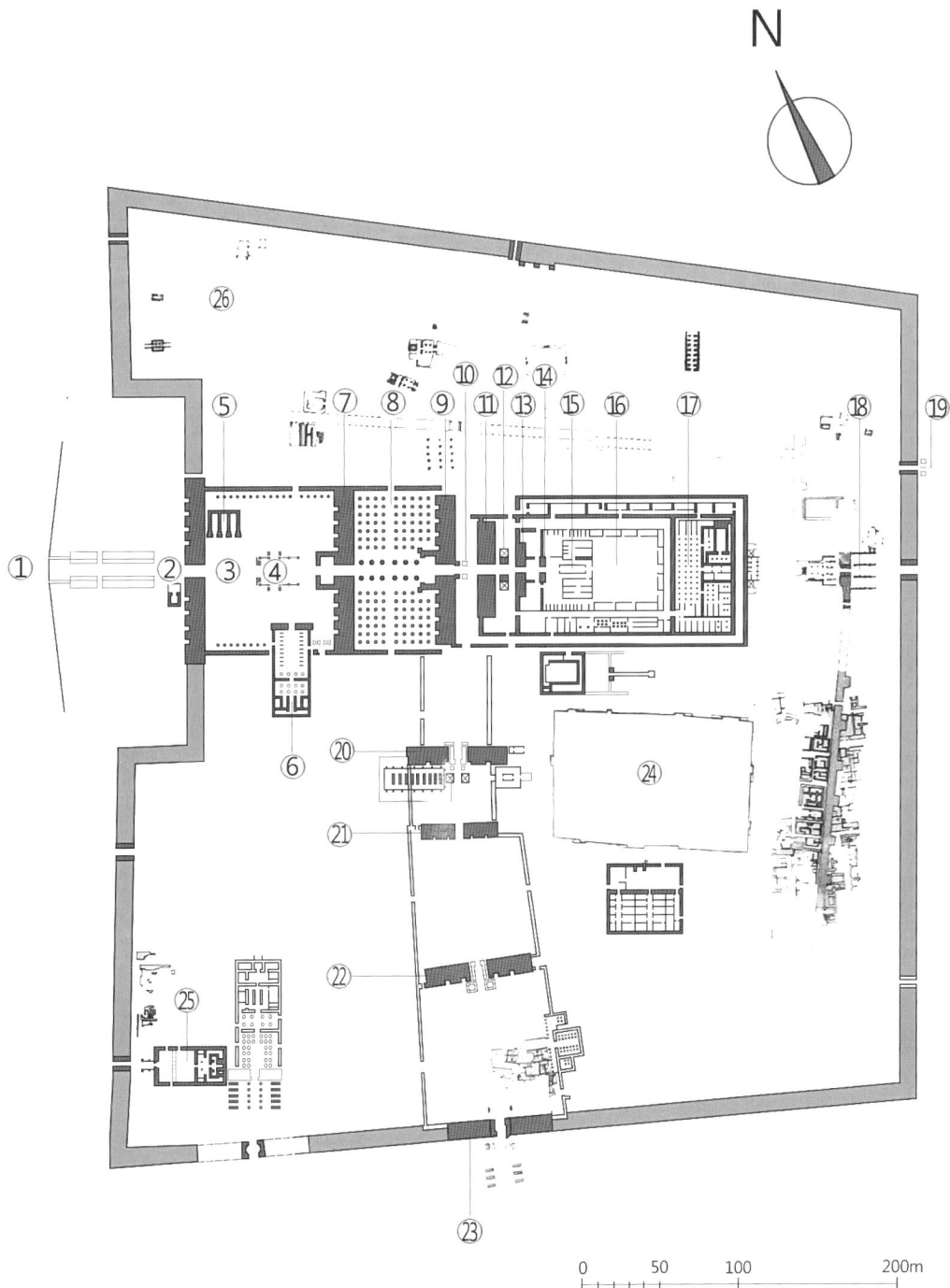

N

4-1 卡纳克神庙群中间区平面

1- 卡纳克神庙群中间区西入口；2- 太阳神庙第 1 道门楼入口；
3- 太阳神庙大前院；4- 太阳神庙大前院中的塔哈尔卡特廊；5- 塞提二世建造的三
圣殿；6- 拉美西斯三世神庙；7- 太阳神庙第 2 道门楼；8- 太阳神庙大多柱厅；
9- 太阳神庙第 3 道门楼；10- 图特摩斯一世方尖碑；11- 太阳神庙第 4 道门楼；
12- 哈特谢普苏特方尖碑；13- 太阳神庙第 5 道门楼；14- 太阳神庙第 6 道门楼；
15- 太阳神庙的圣坛；16- 太阳神庙中王国庭院；17- 图特摩斯三世节日神庙；
18- 拉美西斯二世东庙；19- 卡纳克神庙群东门；20- 太阳神庙第 7 道门楼；
21- 太阳神庙第 8 道门楼；22- 太阳神庙第 9 道门楼；23- 太阳神庙第 10 道门楼；
24- 卡纳克神庙群圣水湖；25- 月神孔斯的神庙；26- 卡纳克神庙群露天博物馆

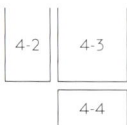

4-2 卡纳克神庙群总平面

1- 卡纳克神庙群中间区；2- 卡纳克神庙群中间区的太阳神庙；
3- 卡纳克神庙群南区姆特神庙；4- 卡纳克神庙群北区献给战神蒙图的神庙；
5- 圣羊道通向尼罗河；6- 圣羊石板大道通向卢克索神庙

4-3 俯视卡纳克太阳神庙大前院

4-4 远望卡纳克太阳神庙第 1 道门楼

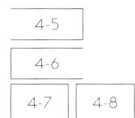

4-5

4-6

4-7   4-8

4-5 卡纳克太阳神庙第1道门
　　　楼立面

4-6 卡纳克太阳神庙第1道门
　　　楼入口

4-7 卡纳克太阳神庙第1道门
　　　楼透视

4-8 卡纳克太阳神庙第1道门
　　　楼前的狮身羊首像

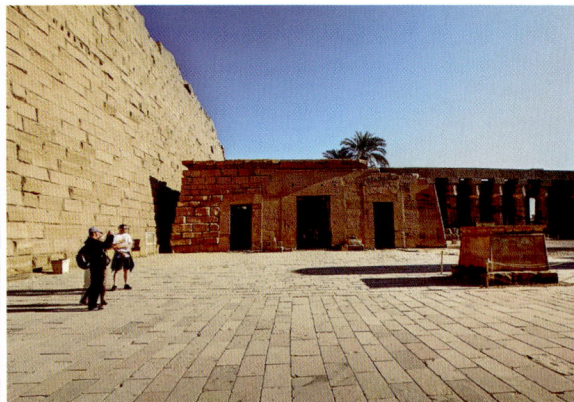

4-9	4-10
4-11	4-12
	4-13

4-9　从卡纳克太阳神庙大前院望第1道门楼

4-10　从卡纳克太阳神庙大前院望塞提二世建造的三圣殿

4-11　卡纳克太阳神庙大前院中的塔哈尔卡柱廊残迹

4-12　卡纳克太阳神庙大前院南侧柱廊

4-13　卡纳克太阳神庙大前院南侧柱廊前的狮身羊首像

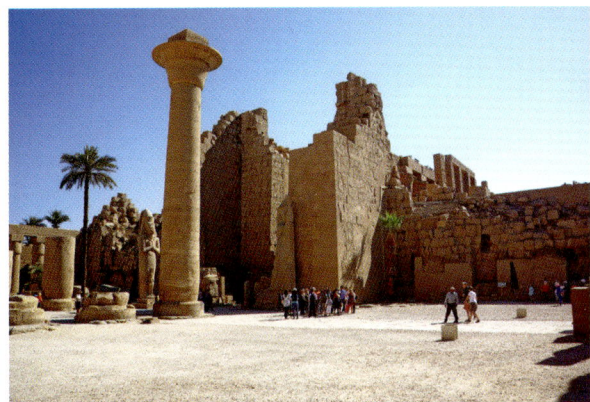

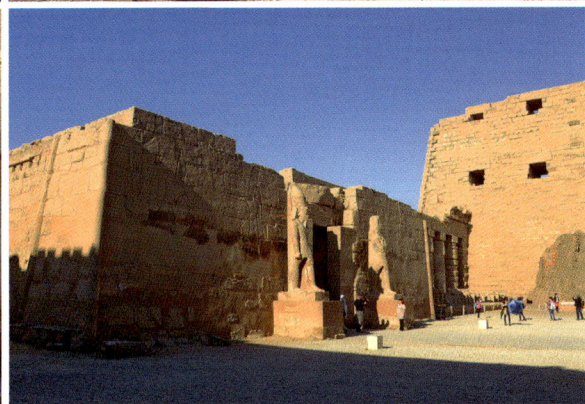

4-14　卡纳克太阳神庙大前院残留的塔哈尔卡柱廊的独柱

4-15　卡纳克太阳神庙大前院的塔哈尔卡柱廊与第 2 道门楼

4-16　从卡纳克太阳神庙大前院望南侧

4-17　卡纳克太阳神庙大前院南侧小门

4-18　透视卡纳克太阳神庙的拉美西斯三世神庙

4-19

4-20

4-19 从卡纳克太阳神庙大前院望拉美西斯三世神庙入口

4-20 卡纳克太阳神庙的拉美西斯三世神庙内院

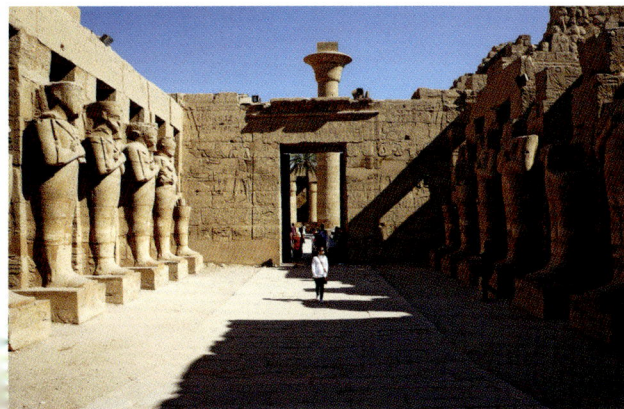

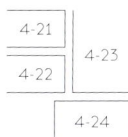

4-21　从卡纳克太阳神庙的拉美西斯三世神庙望大前院

4-22　卡纳克太阳神庙的拉美西斯三世神庙圣殿入口

4-23　卡纳克太阳神庙的拉美西斯三世神庙柱廊

4-24　卡纳克太阳神庙的塞提二世三圣殿透视

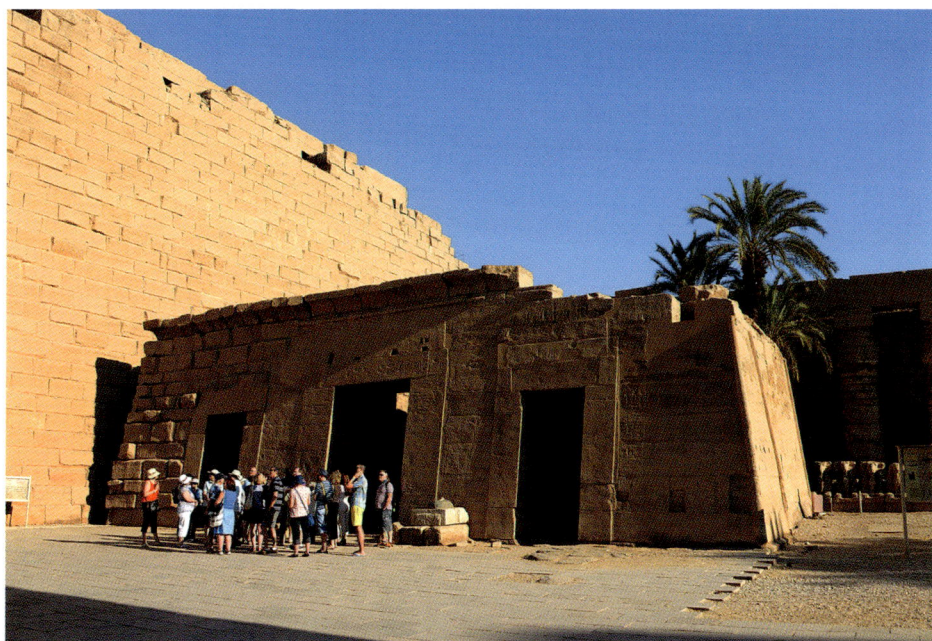

4-25　卡纳克太阳神庙的塞提二世三圣殿内院

4-26　卡纳克太阳神庙的塞提二世三圣殿建筑细部

4-27　卡纳克太阳神庙第 2 道门楼前的皮努吉姆一世雕塑

4-28 卡纳克太阳神庙第 2 道门西立面

4-29 沿卡纳克太阳神庙大多柱厅中轴线望东侧方尖碑

4-30 卡纳克太阳神庙大多柱厅的内部空间

4-31 卡纳克太阳神庙大多柱厅的柱式与装饰

4-32

4-33

4-32 卡纳克太阳神庙大多柱厅沿
中轴线的采光高窗

4-33 卡纳克太阳神庙大多柱厅沿
中轴线的采光高窗细部

4-34 卡纳克太阳神庙大多柱厅开放型纸莎草束柱头

4-35 仰视卡纳克太阳神庙大多柱厅屋顶

4-36 卡纳克太阳神庙大多柱厅屋结构的彩色装修

4-37　卡纳克太阳神庙大多柱厅圆柱的装饰性柱础

4-38　卡纳克太阳神庙大多柱厅森林般的密柱

4-39　仰视卡纳克太阳神庙顶部结构经历 3000 年的
　　　彩色装修

4-40　从南侧俯视卡纳克太阳神庙方的尖碑与圣坛…M

4-41　从北侧望哈特谢普苏特方尖碑（左）和图特摩斯一世方尖碑（右）

4-42　从东侧望哈特谢普苏特方尖碑和大多柱厅中轴线

4-43　卡纳克太阳神庙的瓦吉特多柱厅

4-44	4-45
	4-46

4-44 卡纳克太阳神庙的哈特谢普苏特方尖碑

4-45 哈特谢普苏特方尖碑上的碑文细部

4-46 卡纳克太阳神庙瓦吉特多柱厅内的阿蒙—
　　　拉神像

4-47　从南侧瓦吉特多柱厅望
哈特谢普苏特方尖碑

4-48　卡纳克太阳神庙瓦吉特
多柱厅东立面

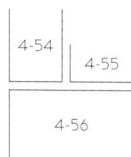

4-54　卡纳克太阳神庙的图特摩斯三世花岗石纪念柱

4-55　从卡纳克太阳神庙中王国庭院望圣坛和方尖碑

4-56　卡纳克太阳神庙的中王国庭院，左侧为图特摩斯三世节日神庙

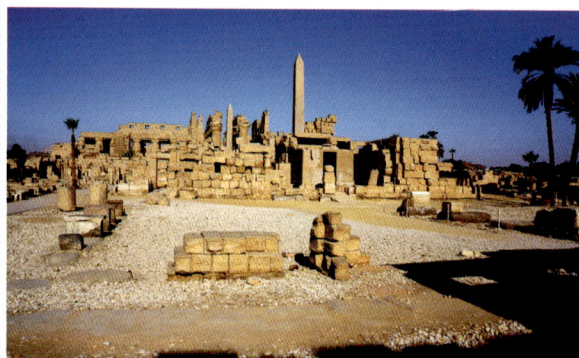

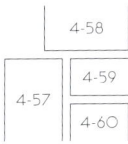

4-57　从西侧俯视卡纳克太阳神庙的中王国庭院和图特摩斯三世节日神庙

4-58　卡纳克太阳神庙的图特摩斯三世节日神庙西立面

4-59　从卡纳克太阳神庙圣坛北侧望图特摩斯三世节日神庙

4-60　从卡纳克太阳神庙中王国庭院南侧望图特摩斯三世节日神庙

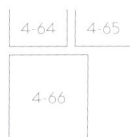

4-64　图特摩斯三世节日神庙
大前厅柱头彩画

4-65　图特摩斯三世节日神庙
帐篷杆柱头

4-66　卡纳克太阳神庙图特摩
斯三世节日神庙大前厅
帐篷杆式柱

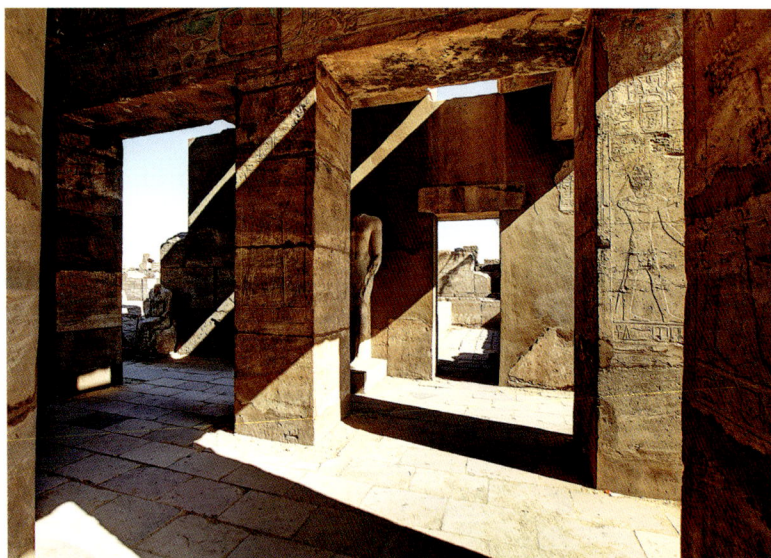

4-67
4-68
4-69 | 4-70

4-67 图特摩斯三世节日神庙大前厅周边的方柱

4-68 图特摩斯三世节日神庙的室内植物园刻有动植物壁雕

4-69 图特摩斯三世节日神庙大前厅东侧柱廊

4-70 从东门俯视拉美西斯二世东庙

4-71 图特摩斯三世节日神庙
庙登上屋顶的楼梯

4-72 从图特摩斯三世节日神
庙东侧望东门

4-73 图特摩斯三世节日神庙
与东门间的废墟

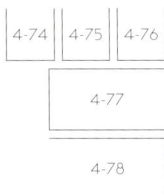

	4-79
4-80	4-81

4-79 卡纳克太阳神庙第 7 道门楼的浮雕显示图特摩斯三世战胜敌人

4-80 卡纳克太阳神庙第 8 道门楼北立面

4-81 卡纳克太阳神庙第 8 道门楼与第 7 道门楼间废墟

4-82 卡纳克太阳神庙第 8 道门楼南侧透视

4-83 卡纳克太阳神庙第 8 道门楼细部雕塑

4-84　卡纳克神庙群的月神孔斯神庙

4-85　卡纳克神庙群的孔斯神庙立面

4-86　卡纳克神庙群的孔斯神庙室内

4-87　卡纳克神庙群中辛努塞尔特一世建造的白庙

4-88　辛努塞尔特一世白庙的浅浮雕显示国王向阿蒙—拉神奉献

4-89 卡纳克神庙群中哈特谢普苏特建造的红庙

4-90 雕刻显示美丽节时祭司们抬着红庙圣船游行

4-91 卡纳克太阳神庙平面复原

1- 卡纳克神庙群中间区西入口；2- 太阳神庙第 1 道门楼入口；3- 太阳神庙大前院；4- 大前院中的塔哈尔卡柱廊；5- 塞提二世的三圣殿；6- 拉美西斯三世神庙；7- 太阳神庙第 2 道门楼；8- 太阳神庙大多柱厅；9- 太阳神庙第 3 道门楼；10- 图特摩斯一世方尖碑；11- 太阳神庙第 4 道门楼；12- 哈特谢普苏特方尖碑；13- 太阳神庙第 5 道门楼；14- 太阳神庙第 6 道门楼；15- 太阳神庙的圣坛；16- 太阳神庙中王国庭院；17- 图特摩斯三世节日神庙

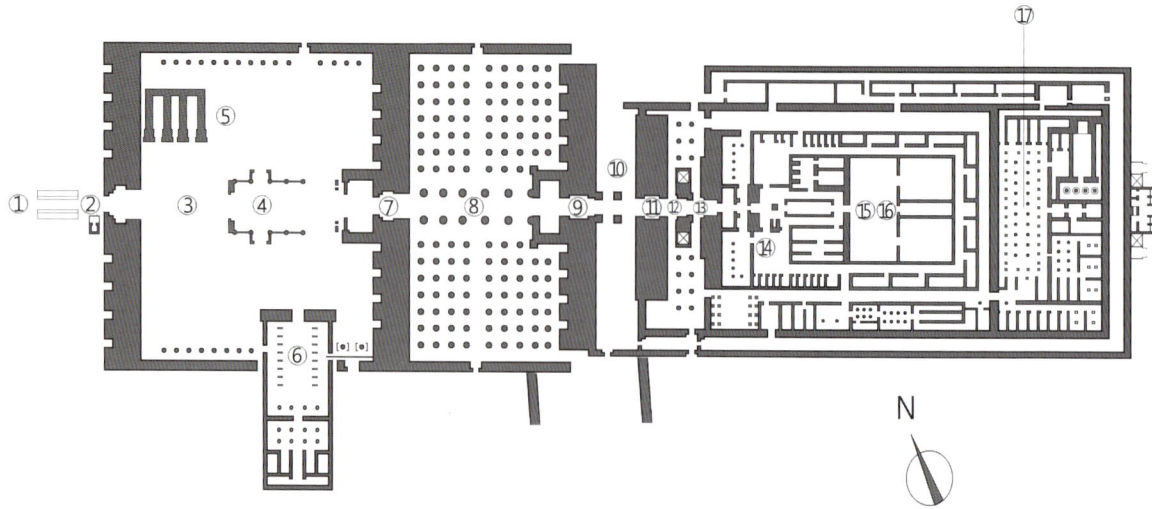

卡纳克神庙布局的演变

建造时间长达 2000 年的卡纳克神庙群有多方面的问题值得借鉴，卡纳克神庙的建造始于中王国初期,历届法老都把建造这座太阳神庙视为自己最大的政治任务，由于信仰的变化和财力的不同，影响到建造的规模和建筑物的形式。从宏观角度分析，卡纳克神庙建筑群始终保持着统一的风格，尤其是中间区的神庙主体，以东西向主轴线控制建筑群的有序发展，令人敬佩，像是在一位"总规划师"指导下，有计划地建造了 2000 年。

从微观角度，我们可以发现很多问题，例如哈特谢普苏特方尖碑被"挤压"在图特摩斯三世建造的瓦吉特神庙中,无法展现这座纪念碑应有的震撼力和创造性，从另一个角度可以看出：政治斗争会影响到建筑学的发展，远古埃及也是如此。

卡纳克神庙第 6 道门楼东侧圣坛的改建是成功的范例，圣坛最初是哈特谢普苏特于公元前 1460 年用棕色石英石建造的，被称为"红庙"，红庙不久便被图特摩斯三世推倒，1100 年后，公元前 320 年马其顿帝国征服埃及，马其顿国王腓力三世 (Philip Ⅲ) 在哈特谢普苏特圣坛的原址上，沿着中轴线重新建造了腓力三世圣坛，很难想到，是这位"入侵者"延续了卡纳克神庙的中轴线，完善了卡纳克神庙的建筑群。

4.2 卢克索神庙

The Temple of Luxor

卢克索神庙位于尼罗河东岸的古埃及首都底比斯，底比斯今日称为卢克索，神庙建于公元前 1380—前 1250 年，神庙供奉底比斯的三神，即阿蒙、姆特和孔斯，卢克索神庙的布局是古埃及神庙的范例。卢克索神庙中最早建造的是三圣殿 (Triple Shrine)，三圣殿是女法老哈特谢普苏特和图特摩斯三世于公元前 1500 年前后建造。卢克索神庙的大部分建筑物是新王国时期的阿蒙霍特普三世 (Amenhotep III, 公元前 1349—前 1351 年) 和拉美西斯二世 (Rameses II, 公元前 1279—前 1213 年) 2 代著名法老建造。卢克索神庙总长约 250m，从门楼至后墙的长度约 190m，神庙平均宽度约 55m。卢克索神庙虽然比卡纳克神庙规模小，但是在古埃及首都底比斯的地位却非常重要，因为它是宗教节日群众游行的终点，每逢宗教节日季，游行的群众从卡纳克神庙群出发，游行到卢克索神庙结束，卢克索神庙在古埃及被称为南方圣殿 (Ipet Resyt or the Southern Sanctuary)。

拉美西斯二世门楼、方尖碑和内院

公元前 1279—前 1213 年，拉美西斯二世在已建成的卢克索神庙阿蒙霍特普三世柱廊大厅东侧增建了雄伟的入口门楼 (Entrance Pylon)、方尖碑、拉美西斯二世雕像和宽敞的拉美西斯二世大内院 (Great Courtyard of Rameses II)，成为卢克索神庙最重要的景观。卢克索神庙入口门楼高 24m，宽 65m，门楼两侧墙壁上保留着 2 处昔日固定香柏木旗杆的壁龛，门楼左侧墙上的凹浮雕展现拉美西斯二世追击逃跑的赫梯人，门楼入口前的拉美西斯二世 2 座雕塑高 16m，面部已被破坏，仅存的一座 25m 高的花岗石方尖碑耸立在门楼入口的一侧，另一侧的方尖碑于1836 年被当时的埃及总督穆罕默德阿里 (Muhammed Ali) 赠给了法国国王路易·菲利普，作为一种交换条件，开罗的一座清真寺获得一座钟塔，古埃及的方尖碑被法国国王安置在巴黎的协和广场，今日成为巴黎市的地标。

进入卢克索神庙门楼后是拉美西斯二世为神庙建造的第 1 道内院，宽敞的内院长约 57m，宽约 51m，内院由两重廊柱围绕，廊柱的柱头模仿纸莎草花造型。在拉美西斯二世内院通向阿蒙霍特普三世柱廊大厅的入口前安置了两座巨大的拉美西斯二世的雕像，雕像呈坐姿，双手放在膝盖上，神态镇定，目光平视远方，拉美西斯二世雕像右腿外侧有一座 7.2m 高的尼斐尔泰丽王后立姿雕像，王后的雕像破坏较多，拉美西斯二世雕像的双肩上刻着圣书体铭文，内容是"外来统治者的太阳" (Ra-en-Hekau or Sun of the foreign rulers)。拉美西斯二世内院东北角是哈特谢普苏特女王建造的三圣殿，三开间的圣殿献给阿蒙、姆特和孔斯，拉美西斯二世时期又重建了三圣殿。内院东南角现有 1 座建在 5m 高台上的清真寺，清真寺是公元 7 世纪以后建造的，与古埃及神庙的风格极不和谐。

公元前 380—前 362 年，古埃及第 30 王朝首任法老内克塔内布一世 (Nectanebo I) 又在卢克索神庙门楼的东侧建造了一个前院，似乎有些画蛇添足，前院的围墙现在已被破坏，前院的一角保留着一座古罗马时代由黏土砖建造的神庙，成为历史的见证。

阿蒙霍特普三世柱廊大厅、内院和阿蒙神殿

新王国时期法老阿蒙霍特普三世在卢克索神庙建成的项目包括今日的阿蒙神殿 (Amun Sanctuary)、阿蒙霍特普三世加冕厅 (Coronation Hall of Amenhotep

III)、阿蒙霍特普三世内院 (Court of Amenhotep III) 和阿蒙霍特普三世柱廊大厅 (Colonnade Hall of Amenhotep III)，其中的阿蒙霍特普三世柱廊大厅曾经是卢克索神庙最初的入口，柱廊大厅的雕刻以奥皮特节或称美丽节的活动为主题。

穿越阿蒙霍特普三世柱廊大厅，便进入阿蒙霍特普三世内院，阿蒙霍特普三世内院进深 52m，宽 46m，三面柱廊围绕，正面是连接阿蒙神殿的雄伟柱厅，在神圣节日的礼仪后，法老在阿蒙霍特普三世内院中会见朝臣。阿蒙神殿是卢克索神庙的终点，圣船殿 (Sanctuary of Barque) 是阿蒙神殿的核心，阿蒙神殿不仅布局严谨，私密性强，而且严格对称，遗憾的是神殿历经沧桑，多次被改建，例如罗马帝国统治时期，罗马皇帝君士坦丁大帝 (Constantine the Great, 公元 306—337 年) 将阿蒙霍特普三世加冕厅改为罗马圣殿和国王的议事厅 (Roman Sanctuary and King's Chamber)，现在已经不能完整地看到最初的设计构思。

卢克索神庙值得探讨的问题

卢克索神庙的拉美西斯二世大内院平面呈平行四边形，内院虽有轴线但两侧并不严格对称，内院的轴线并没有延伸至阿蒙霍特普三世柱廊大厅的中轴线，而是扭转一个很小的角度，这种扭转引起人们的关注。没有确切论据说明平行四边形内院和角度扭转形成的原因，根据相关资料，我们可以认为：形成平行四边形内院和扭转角度的主要原因是为了照顾三圣殿的存在，因为三圣殿是在原有基础上修建的。如果进一步发挥想象力，可以认为扭转角度后，从门楼入口能获得更好的景观，因为扭转角度后在门楼入口外看到的是雄伟的拉美西斯二世雕像透视，而并非阿蒙霍特普三世柱廊大厅的呆板立面，此外，拉美西斯二世内院扭转角度后使神庙的入口更加朝向太阳升起的东方。

卢克索神庙另一个值得探讨的问题是关于阿蒙神殿和阿蒙霍特普三世加冕厅的后期改建，公元前 323 年，古代欧洲的马其顿国王亚历山大大帝入侵埃及，此后，亚历山大大帝的部将托勒密继续统治埃及，马其顿人把希腊文化带到了埃及，他们不仅改建了阿蒙神殿的内部隔墙，而且在神殿入口前增添了古希腊科林斯柱式（Corinthian Order）的门廊，古希腊的柱式尺度较小，与古埃及的柱式相比，显得有些脆弱，从建筑艺术角度分析，似乎并不成功，但作为一种文化融合的尝试还是很有意义的。

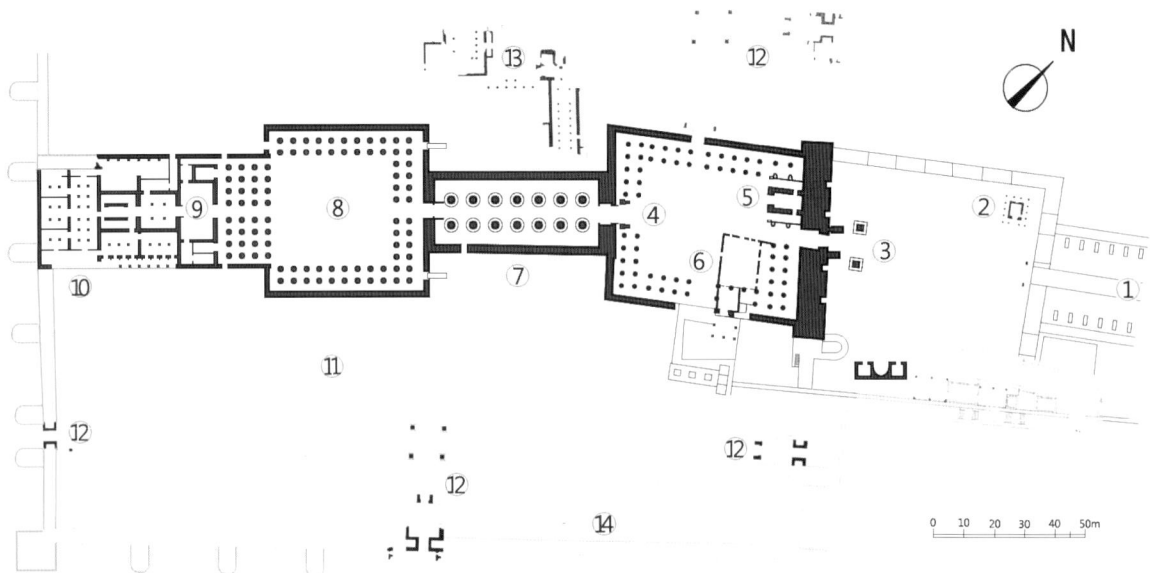

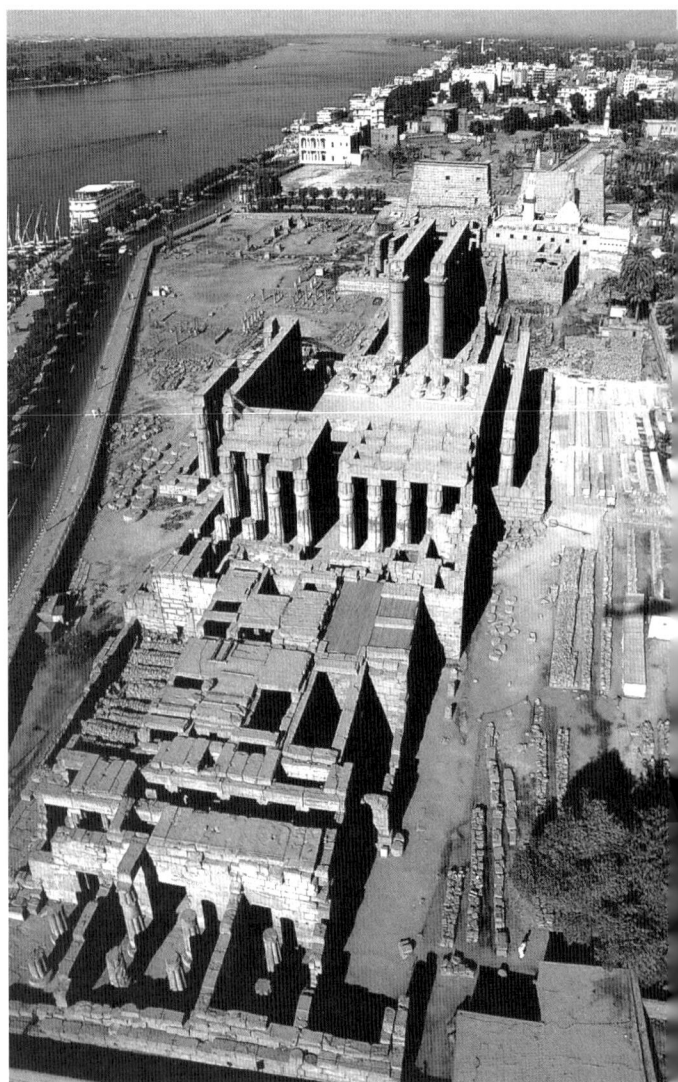

4-92　卢克索神庙平面现状

　　1- 狮身羊首像大道；2- 古罗马时代加建的小神庙；3- 拉美西斯二世门楼 4- 拉美西斯二世内院；5- 三圣殿；6- 阿拉伯人建造的清真寺；7- 阿蒙霍特普三世柱廊大厅；8- 阿蒙霍特普三世内院；9- 阿蒙霍特普三世加冕厅后改为罗马圣殿；10- 太阳神圣坛；11- 露天博物馆；12- 古罗马时期的城门；13- 西方国家建造的教堂；14- 古罗马时期的城墙

4-93　卢克索神庙鸟瞰

4-94　卢克索神庙的拉美西斯二世门楼与狮身羊首像大道

4-95　从卢克索神庙门楼回望狮身羊首像大道

4-96　卢克索神庙的拉美西斯二世门楼及方尖碑

4-97　卢克索神庙门楼前古罗马时代加建的小神庙

4-98 从北侧透视卢克索神庙门楼及方尖碑

4-99 卢克索神庙门楼入口

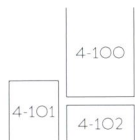

4-106 4-107

4-108

4-106 从拉美西斯二世内院望
阿蒙霍特普三世柱廊
大厅

4-107 卢克索神庙拉美西斯二
世内院的三圣殿和右侧
的清真寺

4-108 卢克索神庙的三圣殿
门廊

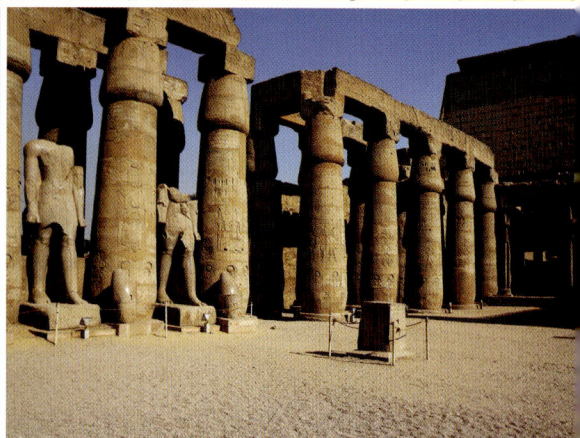

4-113

4-114

4-113 卢克索神庙拉美西斯二世内院南侧廊及雕像

4-114 卢克索神庙拉美西斯二世内院南侧柱廊空间变化

4-115　卢克索神庙阿蒙霍特普三世柱廊前的拉美西斯二世雕像

4-116 从阿蒙霍特普三世内院望阿蒙霍特普三世加冕厅
4-117 从阿蒙霍特普三世内院望阿蒙霍特普三世柱廊

4-118　卢克索神庙阿蒙霍特普三世内院南侧柱廊

4-119　透过阿蒙霍特普三世加冕厅望阿蒙霍特普三世柱廊

4-120　阿蒙霍特普三世加冕厅的柱式

4-121　仰视阿蒙霍特普三世加冕厅的屋顶结构

4-122

4-123

4-122 从阿蒙霍特普三世
加冕厅望阿蒙霍特
普三世柱廊

4-123 从阿蒙霍特普三世
加冕厅望改建的罗
马圣殿

4-124　卢克索神庙改建的罗马圣殿入口增添了希腊科林斯柱式的门廊

4-125　卢克索神庙太阳神圣坛内的施工洞口

4-126　卢克索神庙太阳神圣坛内的柱廊

4-127 卢克索神庙太阳神圣坛内的光影变化

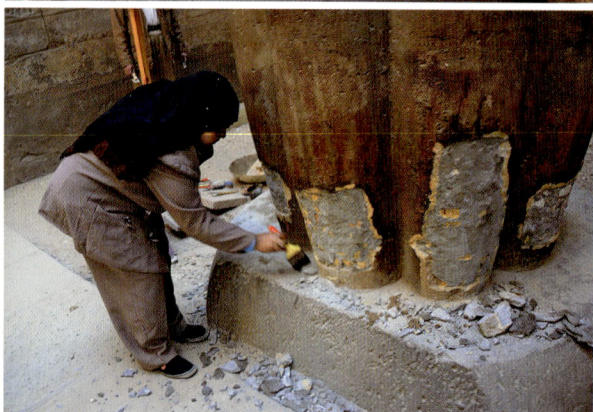

4-128　卢克索神庙太阳神圣坛内的纸莎草束柱与闭合型柱头

4-129　卢克索神庙太阳神圣坛侧面出口

4-130　卢克索神庙廊柱上残留的色彩

4-131　卢克索神庙柱廊的修复工作

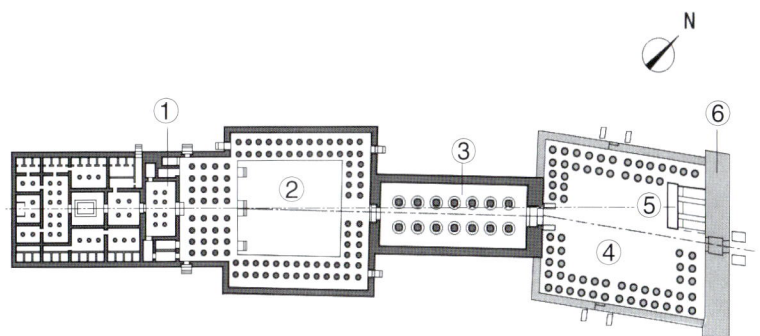

4.3 阿布辛拜勒的拉美西斯二世神庙和尼斐尔泰丽神庙

The Temple of Ramesses II and The Temple of Nefertari at Abu Simbel

阿布辛拜勒的拉美西斯二世神庙是一座凿岩神庙，位于埃及南端的纳赛尔湖（Lake NasserAswan）西岸，距阿斯旺 (Aswan)230km，距苏丹边境仅 40km。拉美西斯二世神庙依山崖而建，面向尼罗河，神庙约于公元前 1284 年开始兴建，至公元前 1264 年完成，这座宏伟的凿岩建筑被称为 "受阿蒙宠爱的拉美西斯神庙"(Temple of Ramesses, beloved by Amun)。

1910 年埃及开始修建阿斯旺大坝，拉美西斯二世神庙和努比亚地区的其他遗址一度被大水淹没，20 世纪中期，埃及政府决定重建阿斯旺大坝，大坝建成后，努比亚遗址将完全被大水淹没。1960—1980 年，联合国教科文组织发起拯救行动，对包括拉美西斯二世神庙在内的努比亚遗址进行切割、拆卸、搬迁和重新装配，使这些珍贵的历史文物被保存下来，拉美西斯二世神庙被整体迁移 180m，迁移后比原址高 65m，成为世界遗产保护成功的范例，我们今日看到的拉美西斯二世神庙就是拆迁后的世界遗产。

拉美西斯二世神庙

拉美西斯二世神庙岩洞掘进深度约 63m，神庙入口顶部壁龛内是太阳神 (Sun god Re-Harakhty) 的雕像，太阳神头顶上有象征太阳的圆盘，神庙入口两旁各有 4 座 20m 高的拉美西斯二世坐姿雕像，拉美西斯二世头戴双重王冠，象征统治上、下埃及，4 座雕像的腿旁立着王后、母后、王子和公主的小型雕像。拉美西斯二世神庙的洞内空间丰富，穿越门厅后首先是八柱式大柱厅，大柱厅中央通道两侧的立柱前各有 1 座 10m 高的拉美西斯二世立姿雕像，大柱厅两侧墙壁上的雕刻描绘拉美西斯二世的辉煌战绩，大柱厅两侧共有 6 个小室，小室是神庙的辅助用房，大柱厅的功能相当于古埃及传统神庙的内院。从大柱厅向前行，经过一个四柱式小厅，最终进入圣殿，圣坛内供奉着 4 位神祇：创造与工艺之神和孟菲斯主神卜塔、太阳神和底比斯主神阿蒙 (Amun-Re)、埃利奥波利斯的主神太阳神 (Sun god Re-

Horakhty of Heliopolis) 与拉美西斯二世。

　　每年的 2 月 21 日和 10 月 21 日（相当于我国的春分和秋分），阳光可以直接照射进拉美西斯二世神庙的圣殿，并且神奇地照射在包括拉美西斯二世等三位神祇的塑像上，据传说 2 月 21 日是拉美西斯二世的生日，这种现象从一个侧面反映出古埃及的天文学相当发达。我有幸于 2013 年 2 月 21 日目睹了这一奇观，并且拍摄下这壮观的场面。当天的日出前后，拉美西斯二世神庙的管理部门还特意组织了文艺团体在洞口表演民族舞蹈助兴，令人大开眼界。

　　阿布辛拜勒的拉美西斯二世神庙的重新发现有一段传奇故事，神庙一度被废弃，公元前 6 世纪，神庙几乎完全被沙土埋没，直到 1813 年，瑞士的东方学家布尔克哈特 (Jean-Louis Burckhardt) 发现了神庙的檐部，他把这个发现告诉了意大利探险家乔瓦尼·贝尔佐尼 (Giovanni Belzoni)，贝尔佐尼于 1817 年成功地进入了拉美西斯二世神庙，进入神庙的向导是当地的一名男孩，男孩名为阿布辛拜勒 (Abu Simbel)，后人便把"阿布辛拜勒"加在拉美西斯二世神庙的前面，成为今日的"庙名"。

尼斐尔泰丽神庙

　　在拉美西斯二世神庙北侧 100m 的地段，拉美西斯二世为他宠爱的王后尼斐尔泰丽也建造了一座神庙，神庙同时供奉爱神哈索尔，这是拉美西斯为王后建造的第 2 座神庙，第 1 座是在王后谷为王后建造的陵墓，本书前文已经介绍过。尼斐尔泰丽神庙入口处的面宽 18m，高 12m，入口两侧各有 2 座拉美西斯二世雕像和 1 座尼斐尔泰丽的雕像，神庙内的柱厅有 6 根支柱，柱头上有爱神哈索尔的头像，这种柱式被称为哈索尔柱 (Hathoric column)，厅内墙壁上雕刻的主题为神化拉美西斯二世，显示拉美西斯二世战功以及尼斐尔泰丽向爱神哈索尔和女神姆特奉献的场面。

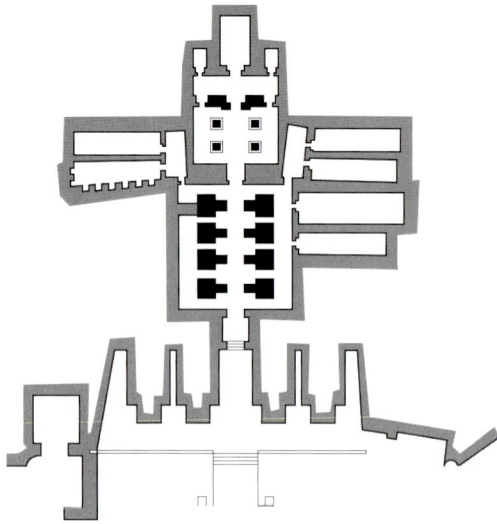

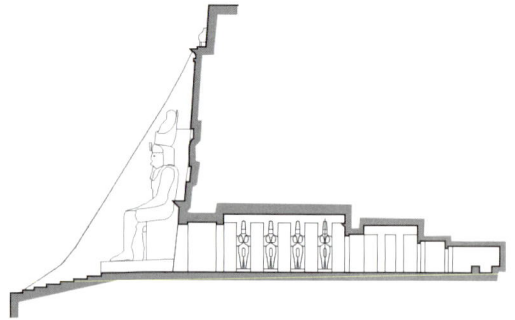

4-135　拉美西斯二世神庙平面

4-136　拉美西斯二世神庙剖面

4-137　远望拉美西斯二世神庙
　　　和尼斐尔泰丽神庙

4-138　拉美西斯二世神庙入口
　　　正立面

4-139

4-140

4-139　拉美西斯二世神庙入口透视

4-140　拉美西斯二世神庙入口顶部
　　　　壁龛内是太阳神的雕像

4-141　拉美西斯二世雕像头部

4-145　晨光照射神庙大柱厅内的 4 座拉美西斯二世立姿雕像

4-146　从拉美西斯二世神庙大柱厅中央走道望通向圣坛的入口

4-147 神庙大柱厅内的拉美西斯二世雕像立面

4-148　拉美西斯二世神庙通向后侧小室的通道

4-149　拉美西斯二世神庙大柱厅侧廊

4-150　拉美西斯二世神庙后侧的小室

4-154　拉美西斯二世神庙通向圣坛的过厅
4-155　拉美西斯二世神庙圣坛内供奉着 4 位神祇
4-156　拉美西斯二世神庙内勤奋学习的埃及姑娘
4-157　尼斐尔泰丽神庙平面
4-158　尼斐尔泰丽神庙入口透视

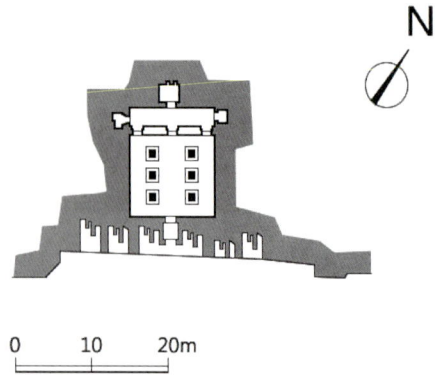

N

0　　10　　20m

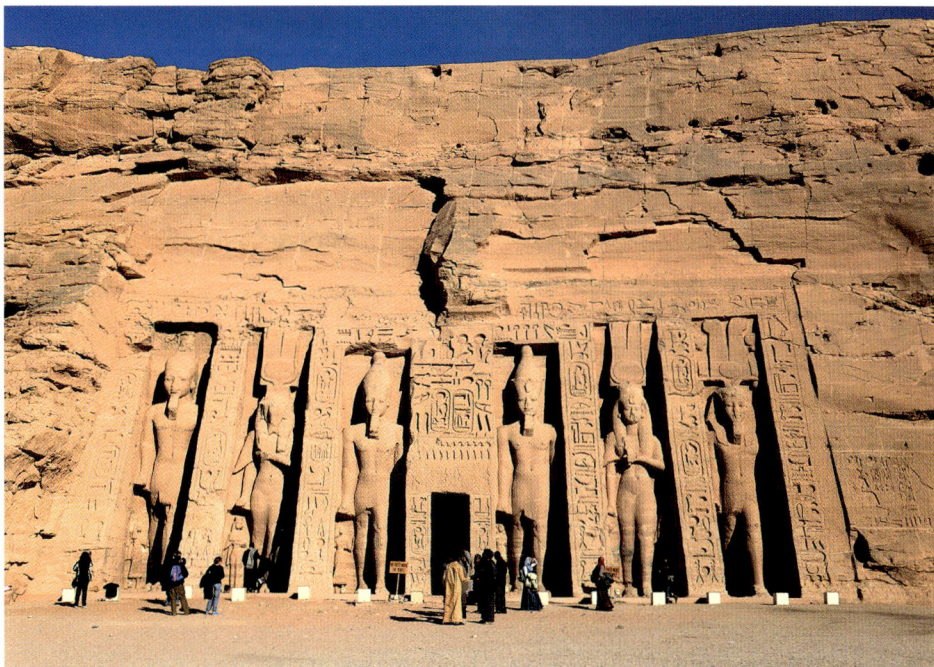

4-159 尼斐尔泰丽神庙入口立面

4-160 尼斐尔泰丽神庙内部空间

5 古埃及托勒密王朝时期的神庙
The Temples of The Ptolemaic Period

5.1 伊德富的荷鲁斯神庙

The Temple of Horus in Edfu

　　伊德富（Edfu）是埃及尼罗河西岸的一个古城，位于伊斯纳（Esna）和阿斯旺之间。根据古埃及的神话，法老的守护神荷鲁斯为报父仇，曾与塞斯 (Seth) 在伊德富大战，最后把塞斯杀死，伊德富从此成了古埃及人供奉荷鲁斯的地方，伊德富的荷鲁斯神庙是供奉荷鲁斯的圣地，荷鲁斯神庙是继卡纳克神庙和卢克索神庙之后，古埃及最大的和保存最完好的神庙。[41]

　　伊德富的荷鲁斯神庙是托勒密王朝期间建造的，神庙由公元前 237 年托勒密三世在位时开始兴建，直至公元 57 年托勒密十二世时建成。[42]伊德富的荷鲁斯神庙曾长期被埋在 12m 的沙土和尼罗河的淤泥下，泥沙的掩埋使神庙避免了人为的破坏，1798 年，法国的远征队发现了神庙门楼的顶部，1860 年，法国的考古学家奥古斯特·马里耶特 (Auguste Mariette) 开始组织神庙的发掘工作。

　　据 2005 年的新考古发现，伊德富地区曾经是古王国时期上埃及省的首都，最近已经发现中王国时期的建筑物遗迹，包括大柱厅和粮仓院落，石料砌筑的圆形筒仓直径达 5~6m，进一步丰富了伊德富地区的文化遗产。[43]

　　荷鲁斯神庙的布局继承了古埃及新王国时期神庙的传统制式，平面布局有明显的中轴线，轴线两侧严格对称，这一点似乎不如卢克索神庙的布局灵活。入口的门楼几乎完全模仿卢克索神庙的门楼，入口两侧的塔楼内布置房间和楼梯，楼梯可以通向屋顶，门楼正面的墙面上有固定旗杆的壁龛，墙上的雕刻展示国王战胜敌人的雄姿，入口两侧布置猎鹰形状的荷鲁斯雕像。进入门楼后是宽敞的内院，三面柱

---

[41] 荷鲁斯是古埃及王权的象征、法老的守护神，关于荷鲁斯的传说一直在随着历史的发展不断变化。荷鲁斯最早出现的形象是隼头人身的神祇，荷鲁斯在伊德富神庙中以猎鹰的形象出现。

[42] 托勒密王朝是亚历山大大帝逝世之后，统治埃及和周围地区的一个希腊化王朝，王朝建立者为亚历山大大帝的将领托勒密一世 (Ptolemy I Soter)，他在公元前 305 年自立为国王并宣称自己是埃及法老。托勒密王朝统治埃及直到公元前 30 年的最后一位女王克娄巴特拉七世自尽身亡为止，历经 275 年。托勒密王朝疆域最鼎盛时包含埃及、昔兰尼 (Cyrene)、安那托利亚南部、叙利亚南部和一些爱琴海岛屿，亚历山大港是托勒密王朝的首都，也是希腊化世界的文明中心和贸易枢纽。为了让境内人数众多的埃及居民认可，托勒密王朝君主都自称为法老，后期多采用古代埃及法老与其姊妹通婚的传统，并且身穿埃及传统服饰，甚至信仰埃及传统宗教。

[43] 伊德富地区古王国至新王国时期的考古工作是在芝加哥大学 (University of Chicago) 东方学院 (The Oriental Institute) 的娜丁·莫勒 (Nadine Moeller) 博士领导下进行。

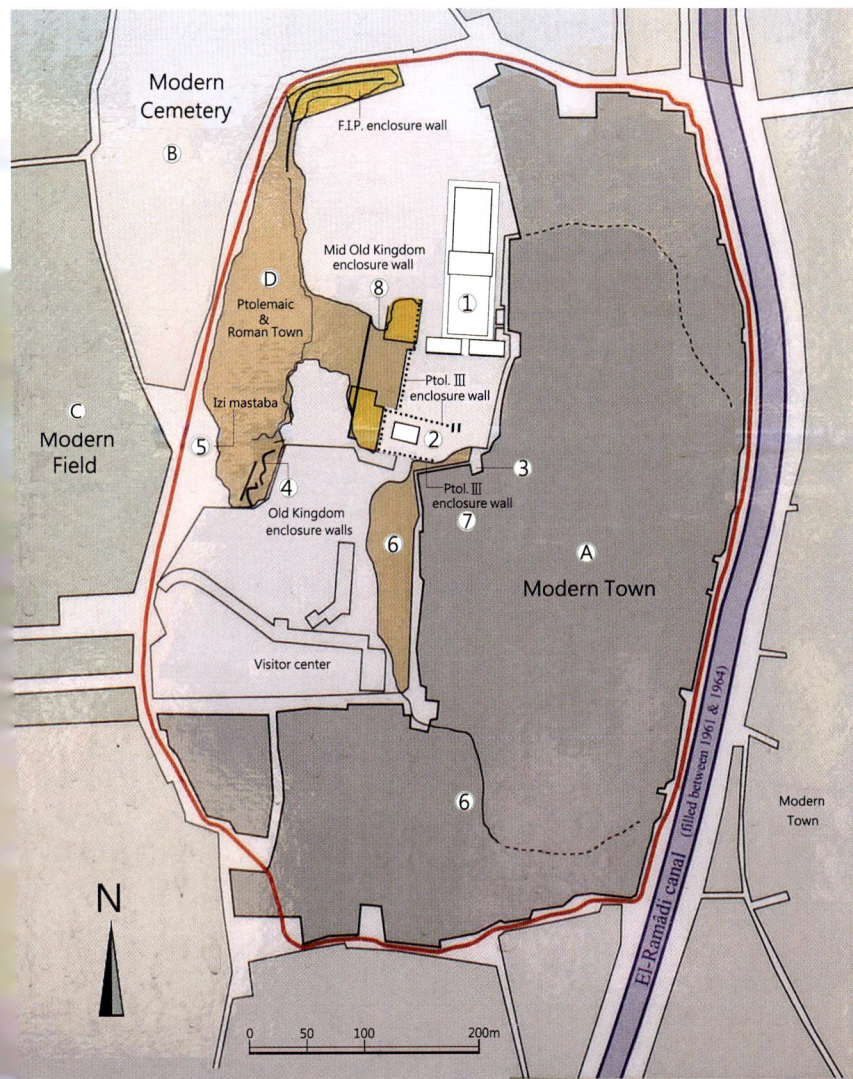

5-1

5-2   5-3

5-1 荷鲁斯神庙及其周边地段的总平面

A- 伊德富的现代城市；B- 伊德富的现代墓地；C- 伊德富的现代农田；D- 托勒密王朝时期的城市；E- 红色线围合的区域是推测的古代城区；F- 浅土黄色是伊德富项目考古区；G- 深土黄色是其他项目考古区
1- 荷鲁斯神庙；2- 托勒密八世建造的诞生殿；3- 荷鲁斯神庙遗址入口；4- 古王国建造的围墙；5- 古王国和新王国时期墓地；6- 泥沙掩埋区；7- 托勒密三世建造的围墙；8- 中王国建造的围墙

5-2 荷鲁斯神庙区的入口与右侧的掩土遗迹

5-3 从荷鲁斯神庙区入口望神庙及前面的诞生殿

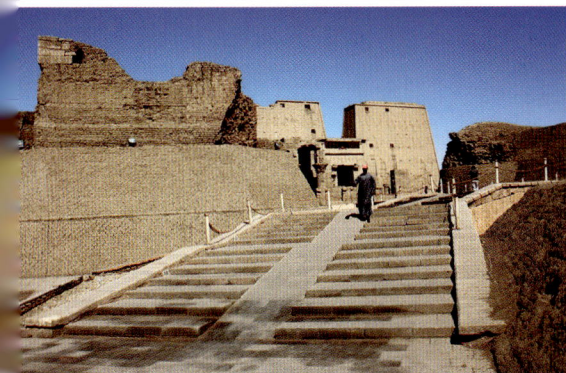

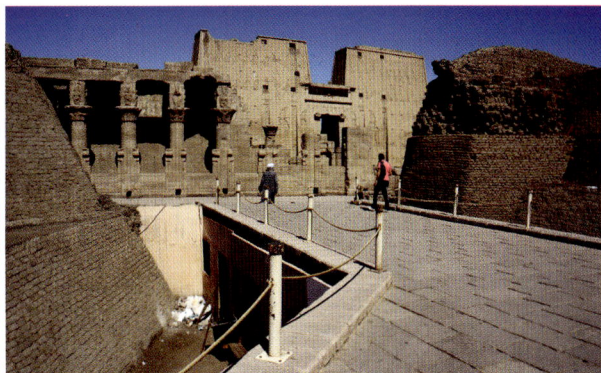

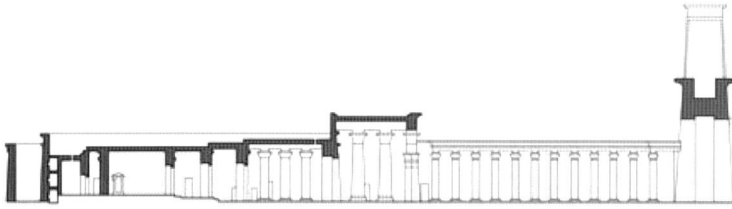

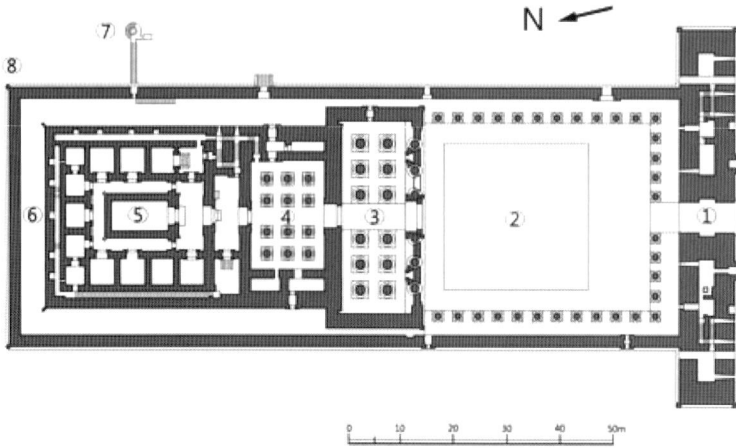

5-4 荷鲁斯神庙剖面

5-5 荷鲁斯神庙平面

1- 入口门楼；2- 神庙内院；3- 神庙门廊；4- 神
庙柱厅；5- 圣殿；6- 神庙与外侧围墙间的通道；7-
通向地下的楼梯；8- 神庙外侧围墙

5-6 荷鲁斯神庙门楼剖面与立面片断

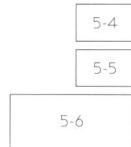

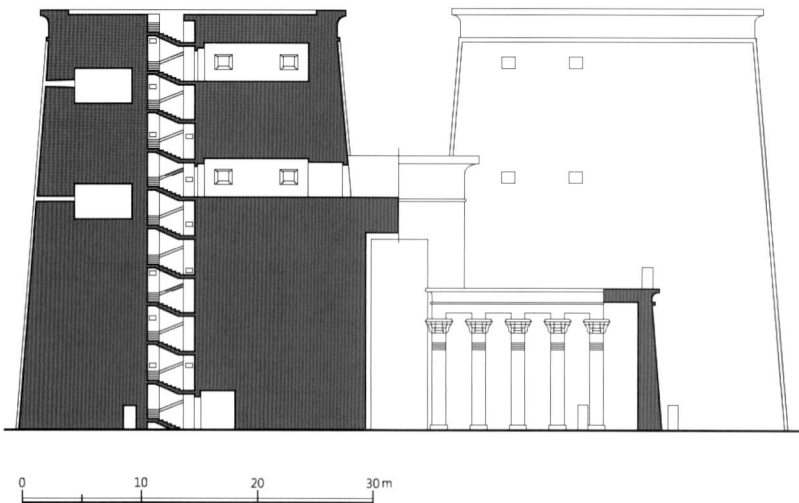

| 5-4 |
| 5-5 |
| 5-6 |

5-7　荷鲁斯神庙入口门楼立面
5-8　仰视荷鲁斯神庙入口门楼

5-9 　荷鲁斯神庙门楼入口上的浮雕和檐口

5-10 　仰视荷鲁斯神庙门楼入口顶部

5-11　从荷鲁斯神庙内院
　　　望门楼

5-12　从荷鲁斯神庙内院
　　　望神庙南立面

5-13　从荷鲁斯神庙门楼
　　　下望神庙入口

5-14 荷鲁斯神庙门前象征荷鲁斯的猎鹰头戴王冠

5-15　荷鲁斯神庙内院透视

5-16　荷鲁斯神庙入口门廊透视

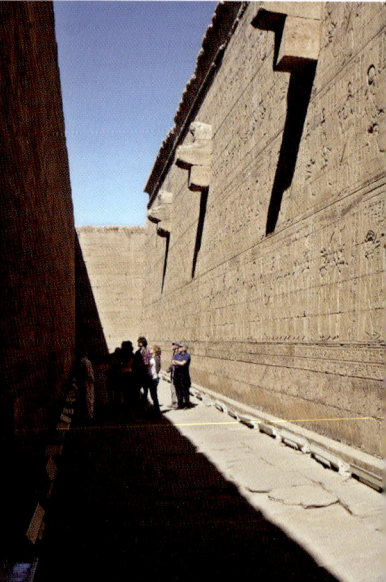

5-17	5-18	
5-19	5-20	5-21
	5-22	

5-17　荷鲁斯神庙内院两侧围廊透视

5-18　荷鲁斯神庙入口门廊柱上的浮雕

5-19　从荷鲁斯神庙内院两侧围廊通向神庙与外侧围墙间的通道

5-20　荷鲁斯神庙与外侧围墙间狭通道两侧墙上的浮雕

5-21　荷鲁斯神庙与外侧围墙间的通道

5-22　荷鲁斯神庙通道外墙的浮雕

5-23　从荷鲁斯神庙西侧望门楼，
　　　右侧显示昔日曾被沙土埋没

5-24　荷鲁斯神庙檐部柱头的变化

5-25　荷鲁斯神庙南立面端部的棕
　　　榈树式柱

5-26 荷鲁斯神庙南立面三种柱式的组合

5-27　仰视荷鲁斯神庙门廊顶部

5-28　从荷鲁斯神庙柱厅通向圣殿

5-29　荷鲁斯神庙圣殿后侧的通道

5-31 5-32

5-30

5-30 荷鲁斯神庙圣殿旁侧通道的
    光影

5-31 荷鲁斯神庙存放荷鲁斯圣船
    的小室顶部采光

5-32 荷鲁斯神庙圣殿旁侧通向外
    部出口的转折处

5-33　荷鲁斯神庙存放荷鲁斯圣船的小室

5-34　荷鲁斯神庙圣殿旁侧通向外部的出口

5-35　托勒密八世建造的诞生殿细部

5-36

5-37

5-36 托勒密八世建造的诞生殿南侧透视
5-37 托勒密八世建造的诞生殿内部

廊围合，正面是神庙的门廊 (Pronaos)，门廊入口两侧再次布置猎鹰形状的荷鲁斯雕像，门廊的运用显示吸收了希腊文化，神庙的主体是门廊后侧的柱厅和带内室的圣殿 (Inner Sanctuary with Naos)，神庙主体的三面有通道 (Ambulatory) 围合，通道将神庙与外世隔绝，通道外侧是防御性的厚墙。

在荷鲁斯神庙通道外墙西侧的底部，有一段关于神庙建造的详细说明，铭文采用古埃及象形文字，说明神庙是公元前 110 年托勒密九世下令建造的，铭文赞扬托勒密九世像在天空顶部的荷鲁斯，神庙前院回廊的柱头采用荷花和纸莎草花形状，犹如华丽的大宫殿，入口的门楼可达到天空，四周围墙用坚固的沙石建造等等。铭文中还明确指出：荷鲁斯神庙是按照 1000 年前伟大的大祭司和导师印何阗 (Imhotep) 规定的制式建造，并且提出何印阗是卜塔的儿子，卜塔是古埃及的造物神和工匠与艺术家的保护者，上述这段铭文说明荷鲁斯神庙与古代埃及的建筑学一脉相承。[44]

荷鲁斯神庙从柱厅到圣殿的室内地面逐步升高，显示圣殿的崇高地位，昔日在圣殿中供奉的荷鲁斯纯金雕像已不知去向，圣殿后侧小室内展出的荷鲁斯圣船是复制品，托勒密王朝继承了埃及古王国时代法老乘坐太阳船升天的信仰。荷鲁斯神庙的屋顶也是阶梯状，屋面升高方向与室内地面升高相反，屋面的升高是从神庙后侧向门楼逐步升高，暗示可以逐步接近天空。此外，神庙的屋顶还具有祭祀功能，每逢古埃及的元旦，祭司会把荷鲁斯金雕像抬到神庙屋顶上，让神像吸取太阳的能量，给屋顶赋予功能是托勒密王朝在神庙设计方面的创新。

荷鲁斯神庙前面还有一座托勒密八世建造的玛米西 (Mammisi)，也称诞生殿 (Birth House)，诞生殿的布局也继承了古埃及的制式。考古工作者在神庙西侧还挖掘出不少石雕，石雕说明古希腊和古罗马对托勒密王朝的影响。

5.2 菲莱的伊西斯神庙

The Temple of Isis in Philae

菲莱 (Philae) 是位于阿斯旺大坝南侧尼罗河中的小岛，1902 年修建阿斯旺大坝时，淹没了菲莱岛，游客只能乘着船观看露出水面的神庙门楼和石柱。1972 年，埃及政府在联合国教科文组织的协助下，决定将岛上的古迹转移到距原址 500m 的

⑭ Dietrich Wildung. Egypt: From Prehistory to The Romans[M]. Kolon:Benedikt Taschen Verlag GmbH Hohenzollernrinb, 1997:196.

阿吉勒基亚岛上 (Agilkia Island)，1980 年 3 月搬迁与重建工作全部完成，伊西斯神庙重新开放。菲莱岛上的伊西斯神庙作为努比亚遗址 (Nubian Monuments) 的一部分在 1979 年被联合国教科文组织评定为世界遗产。

菲莱岛长约 460m，宽约 150m，伊西斯神庙是岛上最大的神庙，它占用大约 1/4 的岛屿。伊西斯神庙是为古埃及神话中最强大的女神和司掌生育及繁衍的女神伊西斯而建，是古埃及保存最完好的庙宇之一。

公元前 690—前 664 年，古埃及第 25 王朝，也称努比亚王朝，法老塔哈尔卡 (Taharqa) 在埃及和库施 (Kushite) 部落之间建立了一座太阳神庙，在宗教和政治方面对附近地区产生过一定的影响。古埃及第 26 王朝法老雅赫摩斯二世 (Amasis II，公元前 570—前 526 年) 在菲莱岛建立了伊西斯神庙，神庙的许多雕刻至今保护完好。

菲莱岛的神庙建筑群始建于古埃及第 30 王朝法老尼克塔尼布一世 (Nectanebo I，公元前 380—前 362 年) 在位时期，尼克塔尼布一世在菲莱岛南端建立了一座凉亭 (Kiosk)，在凉亭北侧又建造了神庙的大门，100 年后，神庙的大门被结合入伊西斯神庙的第 1 道门楼。此后，菲莱岛进入了罗马帝国的统治时期，许多单体神庙在全岛建造，各自选择合适的地段，形成不规则的总体布局。

伊西斯神庙的不规则广场

伊西斯神庙第 1 道门楼前的广场平面是极不规则的四边形，广场由两侧的柱廊和南端的尼克塔尼布一世凉亭与阿瑞斯努菲斯神庙 (Arensnuphis Temple) 围合，[45] 这种广场在视觉上产生独特的效果，对文艺复兴时期的广场设计有一定影响。伊西斯神庙第 1 道门楼宽 45.5m，高 18m，虽然门楼的造型和古埃及神庙的门楼相似，但细部处理大不相同，中央入口东侧的塔楼前垂直连接着一个托勒密二世建造的大门，似乎有些怪异，中央入口西侧的塔楼正中又另设了一个直接通向诞生殿的入口，也打破了古埃及的传统模式。通向第 1 道门楼的大台阶两侧昔日曾排列狮子雕像，这种布置与古埃及的传统差别很大，伊西斯神庙搬迁后的门楼入口两侧仅有一对花岗石狮子雕像，门楼前的大台阶分段处理，尺度亲切。

伊西斯神庙的内院、诞生殿与大柱厅

伊西斯神庙的第一道门楼长 32m，高 12m，第 2 道门楼与第 1 道门楼并不平

---

⑤ 阿瑞斯努菲斯是努比亚地区的神祇，被认为是强大的女神伊西斯的伙伴。

行，按照古埃及神庙的传统模式，伊西斯神庙第 2 道门楼与伊西斯神庙的大柱厅间本应有一个带回廊的内院，大柱厅前再设 1 道门廊，现在都被"精简"了，第 2 道门楼与伊西斯神庙贴在一起，通向伊西斯神庙的大台阶改为小尺度的坡道，进入第 2 道门楼后仅有一个较小的门厅作为过渡空间，门厅顶部天窗应当是后来增加的，大柱厅内也只有 10 根柱子。伊西斯神庙内圣殿的建筑面积大大减少，但仍然保持私密性。公元 6 世纪，神庙一度被改为基督教堂。

伊西斯神庙总体布局的轴线扭转了多次，形成一系列不规则的内院，主要原因是用地紧张，例如诞生殿按照古埃及的布局应与主轴线垂直，并且放在神庙主体的前面，在伊西斯神庙总平面中，诞生殿变成围合内院的厢房，同时在第 1 道门楼西侧的塔楼中间又开了 1 个直通诞生殿的小门，诞生殿成为相对独立的建筑物，这种随机应变的设计构思对后世颇有启示。由于诞生殿是神子 (divine child) 诞生的地方，因此，诞生殿的柱头也与建筑物的功能有一定联系，柱头显示爱神哈索尔的头像，耳朵是牛耳。[46]诞生殿北侧与第 2 道门楼间有一处三角形的空间，一般很难处理，伊西斯神庙在该处设立一个小门，并且在第二道门楼入口两侧保留了一段自然地貌，形成一处有特色的景观。

伊西斯神庙四周的建筑

公元 1—2 世纪，古罗马皇帝统治埃及时期，罗马皇帝图拉真 (Trajan，公元 53—117 年) 在伊西斯神庙东侧建造了图拉真亭 (Kiosk of Trajan) 供自己祭祀女神时休息。图拉真亭长 20 m，宽 15m，高 15.9m，图拉真亭由石材与木材混合建造，四周为石柱，屋顶是木结构。古罗马时期，伊西斯神庙四周还建造了一些小神庙和纪念性建筑物，如哈索尔神庙、印何阗教堂 (Chapel of Imhotep)、奥古斯都神庙 (Temple of Augustus)、哈德良大门 (Gate of Hadrian)、亚历山大科普特正教会的教堂 (Coptic Church)、罗马城门 (Roman Gate) 等，菲莱岛展示了古埃及、古希腊和古罗马 3 种文化的融合。[47]

---

[46] 哈索尔是古埃及女神，被认为是爱神、富裕之神、舞蹈之神和音乐之神。在不同的传说中，她是太阳神拉的女儿，王权守护神荷鲁斯的妻子或者是拉的妻子，荷鲁斯的母亲。对哈索尔的崇拜早在公元前 27 世纪便已开始，她的形象是奶牛、牛头人身女子或长有牛耳的女人。

[47] 奥古斯都 (Augustus, 公元前 63—14 年) 原名盖乌斯·屋大维·图里努斯，是罗马帝国的开国君主，统治罗马长达 43 年。哈德良 (Hadrian，公元 76—138 年) 被誉为古罗马五贤帝之一，是一位博学多才的皇帝。
亚历山大科普特正教会是在埃及最具规模的基督教教会，属于东方正统教会的一支。

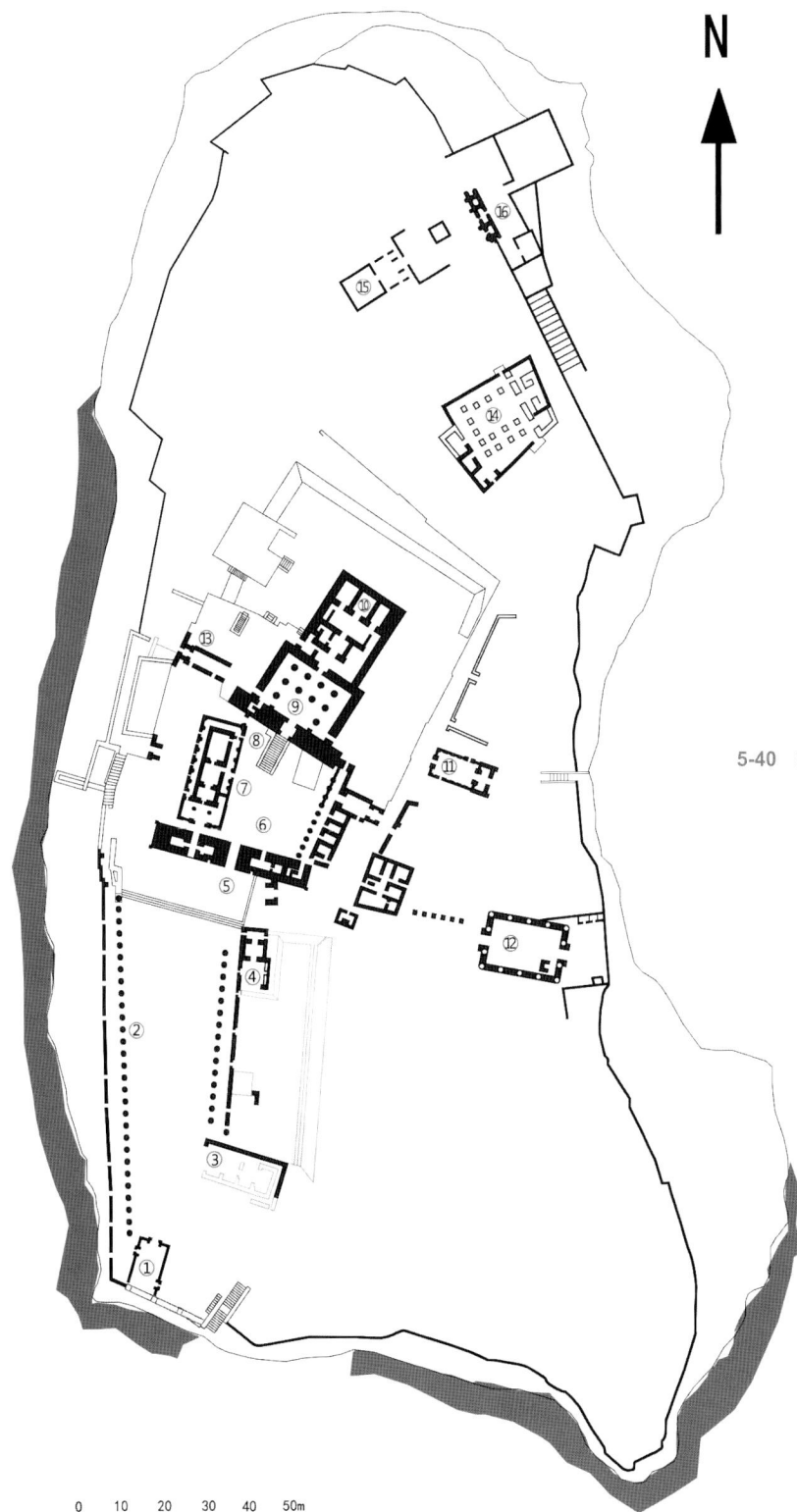

N

5-40 菲莱伊西斯神庙建筑群总平面
1- 伊西斯神庙的尼克塔尼布一世
凉亭；2- 伊西斯神庙前柱廊围合
的不规则广场；3- 阿瑞斯努菲斯
神庙；4- 印何阗的神庙；5- 伊
西斯神庙第一道门楼；6- 伊西斯
神庙内院；7- 伊西斯神庙诞生殿；
8- 伊西斯神庙第2道门楼；9-
伊西斯神庙柱厅；10- 伊西斯神
庙内部圣坛；11- 哈索尔神庙；
12- 图拉真亭；13- 哈德良门；
14- 科普特教堂；15- 奥古斯都
神庙；16- 罗马城门

0 10 20 30 40 50m

5-41 从水上望伊西斯神庙
建筑群南侧的尼克塔
尼布一世凉亭和图拉
真亭

5-42 伊西斯神庙第1道门
楼透视

5-43 伊西斯神庙第1道门
楼入口立面

5-44　伊西斯神庙第 1 道门楼入口台阶细部处理

5-45　从伊西斯神庙第 1 道门楼入口望不规则广场

5-46　从伊西斯神庙的不规则广场望神庙第1道门楼

5-47　伊西斯神庙的不规则广场

5-48　伊西斯神庙不规则广场西侧围廊

5-49　伊西斯神庙不规则广场东侧围廊

5-50　伊西斯神庙不规则广场东侧的门洞与豁口

5-51　透过伊西斯神庙不规则广场东侧门洞向东望

5-52 伊西斯神庙第1道门楼东侧墙上的浮雕

5-53 伊西斯神庙不规则广场东侧围廊南端阿瑞斯努菲斯神庙墙上的浮雕

5-54

5-55

5-54 从伊西斯神庙内院望第 2 道门楼
5-55 从伊西斯神庙内院回望第 1 道门楼

5-57

5-56

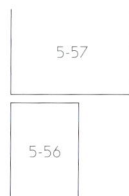

5-56 伊西斯神庙第 2 道门楼
入口坡道

5-57 伊西斯神庙内院西侧诞
生殿的爱神哈索尔柱廊

5-58

5-60

5-59

5-58 伊西斯神庙诞生殿西侧透视

5-59 从伊西斯神庙诞生殿北侧望神庙内院

5-60 伊西斯神庙西侧外观

5-61

5-62

5-63 5-64

5-61　伊西斯神庙东侧外观

5-62　仰视伊西斯神庙的门厅

5-63　伊西斯神庙东侧的图拉
　　　真亭

5-64　伊西斯神庙的大柱厅

5-65

5-66

5-65　伊西斯神庙的大柱厅通向圣殿

5-66　伊西斯神庙室内壁雕

5-67　图拉真亭西立面
5-68　仰视图拉真亭西立
　　　面石柱

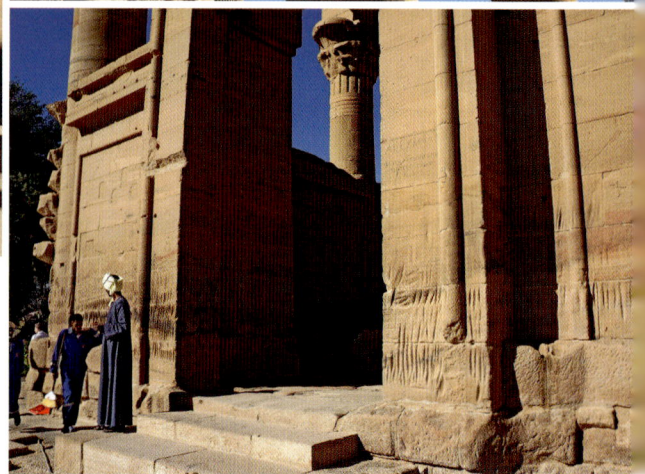

5-69 伊西斯神庙东侧图拉真亭透视

5-70 从图拉真亭内部向外望

5-71 图拉真亭不同柱形的组合

5-72 图拉真亭的入口

5-73　伊西斯神庙区的哈索尔
　　　神庙

5-74　伊西斯神庙区的奥古斯
　　　都神庙遗

5-75　伊西斯神庙区的罗马
　　　城门

5-76

5-77

5-78

5-76 伊西斯神庙区的罗马城门
5-77 伊西斯神庙区的亚历山大科普特正教会教堂
5-78 伊西斯神庙建筑群的哈德良大门遗址

6 远古埃及对建筑学的贡献
The Contribution of Ancient Egypt to Architecture

公元前 1 世纪，古罗马的建筑师维特鲁威 (Vitruvius) 写了一本《建筑十书》(The Ten Books on Architecture)，在这本书中，他首次提出了"建筑学"(Architecture) 和建筑师〔Architect〕的概念，《建筑十书》是用拉丁文书写的，英语"architecture"的拉丁语为"architectura"。《建筑十书》全面阐述了"建筑学"的广泛内涵，这部 2000 年前的著作曾有多种译本，最清晰、最权威的译本应当是哈佛大学古典哲学教授莫里斯·希基·摩根 (Morris Hicky Morgan, 公元 1859—1910 年) 于 1914 年出版的英文译本。

维特鲁威在《建筑十书》第一书第一章中首先提出"建筑师的培养"，阐述了建筑师应当具备高尚的品格和各种知识，不仅要掌握理论知识，而且要会实际操作，包括绘图和体力劳动。建筑师不仅要会绘制草图〔sketches〕、快速表现建筑物外貌，而且能够绘制施工图和计算建筑物的总造价 (total cost of buildings)。建筑师不仅要掌握建筑学的专业知识，而且要熟悉历史、哲学、法律学和天文学，能够理解音乐，对医学也并非茫然无知。[48]维特鲁威对建筑师要求掌握的知识和能力不仅广泛，而且严格。维特鲁威第一次提出建筑师的概念，同时也准确地提出如此全面的要求，令人钦佩。

《建筑十书》第一书第二章的标题为"建筑学的基本原理"(The Fundamental Principles of Architecture)，维特鲁威在建筑学的基本原理中提出 6 项要素：柱式 (Order)、布局 (Arrangement)、和谐 (Eurythmy)、对称 (Symmetry)、适当 (Propriety) 和经济 (Economy)，6 项要素中的前 4 项均涉及美学，在"适当"要素中论述自然环境应有利人体健康，在"经济"要素中谈及经济、造价等问题。著名的希腊 3 种柱式 (Three Orders) 在《建筑十书》中占据重要地位，3 种希腊柱式对西方建筑学产生极大的影响。[49]维特鲁威在《建筑十书》中还总结了各种类型建筑物的设计规律、细部做法、材料选择和施工方法等。

在《建筑十书》第一书第三章"建筑学的范畴"〔The Departments of Architecture〕的第二节中，维特鲁威提出：建筑物的建造必须依据"坚固耐久 (durability)、"使用方便"(convenience) 和"美观"(beauty) 三项原则，维特鲁威提出的三项基本原则虽然在书中并未占据最重要的地位，却成为后世建筑设计的指导方针。

---

[48] Vitruvius. Ten Books on Architecture[M]. translated by Morris Hicky Morgan. New York:Dover Publications,INC.,1960:5-13.

[49] 维特鲁威提出的古希腊 3 种柱式是：多立克柱式 (Doric Order)、爱奥尼柱式 (Ionic Order) 和科林斯柱式 (Corinthian Order)。文艺复兴时期的意大利建筑师塞巴斯蒂亚诺·塞利奥 (Sebastiano Serlio) 又进一步总结了古罗马的 5 种柱式，在古希腊 3 种柱式的基础上增加了塔司干柱式 (Tuscan Order) 和组合柱式 (Conposite Order)。

《建筑十书》第一书第四章是"城市选址"（The Site of a City），阐述的内容非常全面。[50]此外，该书还详细地论述了水源的选择和供水方式以及数学、天文学和声学对建筑物的影响等。

研究过远古埃及建筑后，会惊奇地发现：埃及人在公元前3000年已经开始实践了《建筑十书》总结出的"建筑学"，遗憾的是维特鲁威并没有把远古埃及的经验纳入他的《建筑十书》。可以理解，维特鲁威受当时的客观条件限制，他本人可能对古埃及建筑学的了解也很少。

6.1　建筑师的鼻祖：印何阗

The Earliest Ancestor of Architects

印何阗(Imhotep or Immutef,Im-hotep, 公元前2650—前2600年)是古埃及最著名的　"建筑师"，他的雕像被珍藏在巴黎的卢浮宫内。在法老时代，法老之外的人很难被奉为神祇,出身平民的印何阗是官员中少数被塑像并奉为神祇的一位。印何阗是古代埃及学识渊博的官员，也是第一位负责设计、建造金字塔的人，他为古王国第3王朝法老杰塞尔建造的阶梯状金字塔极具开创性，金字塔前的南厅和葬礼厅首次运用梁柱体系石结构，印何阗也是第一位在设计中运用隐喻手法进行设计的建筑师，阶梯状金字塔隐喻通向天堂。尽管古代埃及没有建筑师这个名词，但是，从印何阗的实际工作分析，不得不承认他高超的建筑学专业水平，他不仅承担着建筑师的设计工作，而且承担着总建筑师兼总工程师的工作。古埃及托勒密王朝时期，在伊德富建造的荷鲁斯神庙内发现有一段石刻文献，叙述关于神庙建造的历史，说明荷鲁斯神庙是按照1000年前印何阗规定的制式建造，并且把印何阗奉为古埃及造物神卜塔的儿子，这个重要的石刻文献更加证实了印何阗作为古代建筑师鼻祖的历史地位，印何阗在古罗马的声誉也很高，并且受到古罗马皇帝的尊敬。

历史文献中把印何阗的官爵写在头衔前面，把设计和建造工作写在后面，完全可以理解，统治阶层轻视技术，历来如此。实际上，埃及古王国历届法老的中心工作就是建造金字塔，金字塔的建造推动了生产力的发展，也为"建筑师"的成长创造了条件，主持金字塔建造工作的建筑师必然成为国家的重要官员。相关文献还

---

[50] Vitruvius, Ten Books on Architecture[M]. translated by Morris Hicky Morgan. New York:Dover Publications,INC.,1960:13−21.

6-1 卢浮宫内的印何阗雕像

6-2 森纳穆特双臂抱着纳芙瑞公主的雕像

记载印何阗的医学造诣也很高，但是比不上他在建筑学方面的贡献，建造金字塔是印何阗作为建筑师最有力的论证。有些资料说明印何阗的父亲卡诺费（Kanofer）也是建筑师，似乎并不确切，因为没有材料证明卡诺费有建筑作品，卡诺费最多是个瓦匠头或木匠头，这种信息可以说明：印何阗的平民出身和成为建筑师的家庭环境。

古埃及的另一位著名建筑师是森纳穆特，他是新王国时期第 18 王朝女法老哈特谢普苏特陵墓的设计人和工程监督。哈特谢普苏特陵墓的设计很有创意，尤其是陵墓入口前 3 个台地上的绿化设计更受到广泛赞扬。森纳穆特也是平民出身，最初的职务是"国王女儿的管理人员和家庭教师"，国王的女儿就是哈特谢普苏特与图特摩斯二世的女儿纳芙瑞 (Neferure) 公主，在哈特谢普苏特女王执政期间，森纳穆特受到更大的重用。森纳穆特一生未曾结婚，这种情况在古埃及社会中是罕见的，有些研究古埃及文化的专家推论森纳穆特是哈特谢普苏特的秘密情人，有人甚至认为纳芙瑞是森纳穆特的女儿，或许森纳穆特的雕像可以作为旁证，因为大英博物馆珍藏的森纳穆特雕像双臂抱着纳芙瑞公主。森纳穆特在世时拥有足够的财富，死后在底比斯西区有 2 座陵墓，据说有一座在地下的陵墓与哈特谢普苏特女王的陵墓还靠得很近，这种待遇在法老时代是罕见的，因此更加引起人们对哈特谢普苏特陵墓的关注。

6.2　古埃及的建筑"柱式"

The Architectural "Order"of Ancient Egypt

古代埃及的"柱形"有许多变化，据说有6种，甚至更多，古埃及柱形的变化只是柱头和立柱形式的变化，柱形的比例和细部尺寸均没有严格的规定。

古代埃及的6种基本柱形：

(1) 多棱式柱 (Polygonal Columns)。多棱柱形造型简洁，棱角的数量可从8角至32角，棱间有竖向凹槽，多棱柱形粗壮有力，有些像古希腊的多立克柱式 (Doric Order)，多棱式柱最早出现在杰塞尔阶梯金字塔的入口柱廊。

(2) 帐篷杆形柱 (Tent Pole columns)。这种柱形仅在卡纳克神庙的图特摩斯三世节日神庙的大前厅中出现过，帐篷杆柱形具有表面光滑的圆柱身，柱头局部加粗，形成钢盔状柱帽，柱帽上有竖向彩色条纹。

(3) 棕榈树形柱 (Palm Columns)。棕榈树形柱一直盛行至希腊、罗马时代，圆柱顶上的柱头模仿捆在一起的棕榈树。

(4) 莲花形柱 (Lotus Columns)。柱身模仿一束4支或8支莲花茎，柱头模仿闭合的莲花。

(5) 闭合型柱头的纸莎草束形柱 (Papyrus bundle with closed flower Columns)。这种柱形从新王国第19王朝开始盛行，纸莎草束从圆柱底部开始向上逐渐收分，柱头局部扩大后再向上收分，造型丰富。

(6) 开放型柱头的纸莎草束形柱 (Papyrus bundle with open flower Columns)。这种柱形的造型规律与闭合型纸莎草束柱形类似，但风格粗壮，柱头模仿纸莎草花的开放状态。

此外，古埃及还有一种百合花形柱 (Lily Columns)，柱头带有百合花萼和花瓣，造型轻巧，但是未能保存下来。另有一种以女神哈索尔为柱头的柱形 (Hathor-headed Capital Columns)，一般情况下，仅在女王或王后的神庙中运用。

古埃及的柱形在托勒密王朝时期发展到高峰，托勒密王朝引进了希腊文化，丰富了柱形，例如菲莱伊西斯神庙门厅四周的柱头形式各不相同，百花齐放，被称为复合式柱头 (Composite Capital)。

古代埃及的"柱形"与古代希腊和古代罗马的柱式（order）有很大的不同，首先是古代埃及的柱形没有明确规定的尺寸或比例，"建筑师"可以任意发挥，希

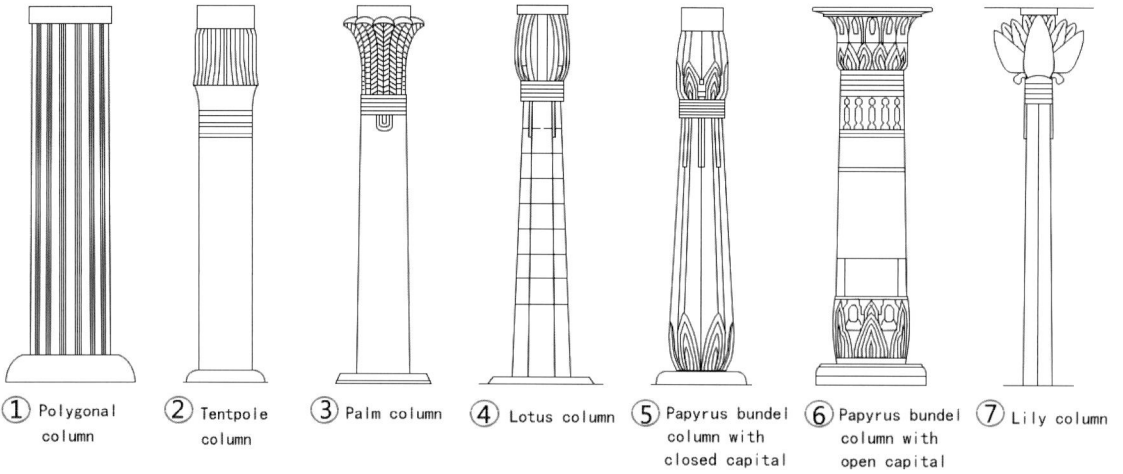

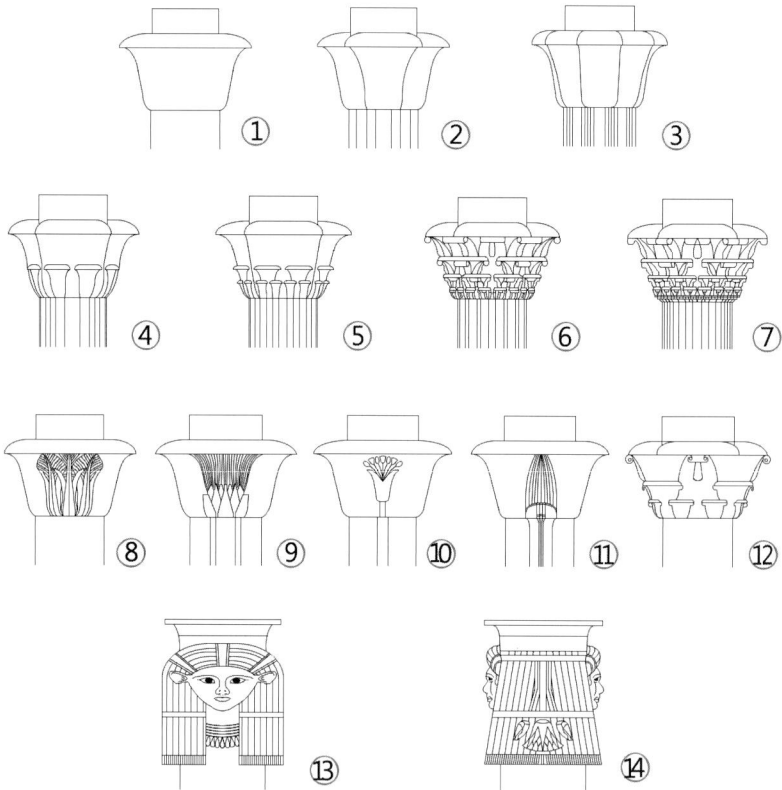

① Polygonal column
② Tentpole column
③ Palm column
④ Lotus column
⑤ Papyrus bundel column with closed capital
⑥ Papyrus bundel column with open capital
⑦ Lily column

① ② ③

④ ⑤ ⑥ ⑦

⑧ ⑨ ⑩ ⑪ ⑫

⑬ ⑭

6-3 古代埃及柱式的 7 种基本形式

1- 多棱柱形；2- 帐篷杆柱形；3- 棕榈树形柱形；4- 莲花柱形；5- 闭合型柱头的纸莎草束柱形；6- 开放型柱头的纸莎草束柱形；7- 百合花柱形

6-4 古代埃及柱头的变化

1- 最基本的开放型柱头圆柱；2- 开放型柱头 4 棱柱；3- 开放型柱头 8 棱柱；4-2 层开放型柱头多棱柱；5-3 层开放型柱头多棱柱；6-4 层开放型柱头多棱柱；7-5 层开放型柱头多棱柱；8- 开放型柱头带有最古老的传统花饰；9- 开放型柱头带有纸莎草花饰；10- 开放型柱头带有莲花开放花饰；11- 开放型柱头带有莲花闭合花饰；12- 开放型柱头带有百合花饰；13- 带有女神哈索尔头像的柱头正面；14- 带有女神哈索尔头像的柱头侧面

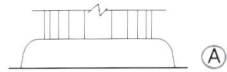

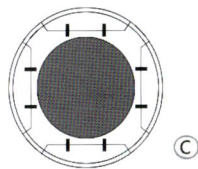

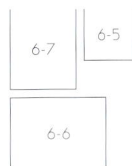

6-5 石柱的装饰性柱础
  A- 立面；B- 剖面；C- 柱础平面
6-6 多棱式柱——古王国杰塞尔阶梯
  金字塔入口柱廊
6-7 帐篷杆式柱——卡纳克神庙图特
  摩斯三世节日神庙的大前厅

6-8 棕榈树形柱——伊德富的
荷鲁斯神庙

6-9 闭合型柱头的纸莎草束式
柱——卢克索神庙三圣殿

6-10 开放型柱头的纸莎草束
式柱——卡纳克神庙群
大多柱厅

6-11 女神哈索尔为柱头的柱
式在阿布辛拜勒的尼斐
尔泰丽神庙中运用

6-12　小尺度的闭合型莲花柱式——柏林博物馆中的展品

6-13　伊德富荷鲁斯神庙中的花篮式柱头

6-14　开放型纸莎草柱头——菲莱伊西斯神庙

6-15　哈索尔柱头——菲莱伊西斯神庙

| 6-16 | 6-18 |

| 6-17 |

6-16 菲莱伊西斯神庙内门厅四周
的柱头形式各不相同

6-17 彩色绘画真实地描绘了昔日
开放型柱头的纸莎草束柱形
的色彩

6-18 彩色绘画真实地描绘了以女
神哈索尔为柱头的色彩

腊和罗马的柱式则有明确规定的比例和细部尺寸，不能随意更改。其次是古代埃及的柱形是对自然界植物的模仿，细部灵活多变，希腊和罗马的柱式是以人体的比例为依据，相对严格。另一点是古代埃及的立柱多由石灰石建造，柱子外面有时要抹灰，并有雕刻或彩绘，内容丰富，形式生动活泼，与古代希腊、罗马由大理石建造的柱形风格完全不同，似乎古代埃及的"柱式"更具活力。

古代埃及的石结构造型是由木结构演变过来的，石柱外面抹灰、着色和石柱下面增加柱础均沿用木结构的表现形式，仔细分析石柱的柱础，可知石柱的柱础仅仅是一种装饰，并不承重，而木柱的石料柱础不仅承重而且防潮。

本书提供的彩色绘画是著名的苏格兰画家大卫·罗伯茨 (David Roberts, 公元1796—1864 年)1838 年在现场绘制，绘画真实地描绘了昔日在菲莱的伊西斯神庙和在丹德尔的哈索尔神庙看到的情景，虽然当时神庙已历经 2500 年，却风采依旧，罗伯茨的绘画载入他的画集《埃及与努比亚》(Egypt and Nubia)。[51]

6.3　古埃及的村落与城市
The Villages and Cities of Ancient Egypt

德尔麦迪那工匠村

底比斯曾经是古代上埃及古城水路及陆路的交通枢纽，中王国和新王国时期底比斯成为古埃及的首都，也称太阳神阿蒙之城，是古埃及高度文明的历史见证，也是历史上最古老的都城之一。底比斯跨越尼罗河两岸，神庙多建造在尼罗河东岸，尼罗河西岸以建造陵墓为主，许多小型村落穿插其间。公元前 661 年，亚述人洗劫了底比斯，公元前 29 年，底比斯又被罗马人洗劫了一次，据一位希腊旅行者在公元 20 年的记载，他在底比斯仅看到一些散乱的村落，幸运的是神庙和一些陵墓被保存下来。虽然今日尚无法全面了解昔日底比斯的城市原貌，仅从现存的古迹中可以推测古代埃及不仅有村落，而且有比村落范围更大的城市。古代埃及的底比斯城市分区明确，尼罗河东岸的几座神庙互相配合，既能满足祭祀的功能，也能保证节日游行的需要。尼罗河西岸的陵墓区不仅有帝王谷和王后谷的分区，陵墓的选址

---

[51] Giorgio Agnese and Maurizio Re. Ancient Egypt:Art and Architecture of The Land of The Pharaos [M]. Vercelli:White Star S.r.l.,2004:49−51.

也充分利用地形，保证了陵墓的私密和隐蔽，工匠居住的村落与陵墓保持恰当的距离，形成相对独立的居住社区。

从古王国时期开始，古埃及的法老们持续建造自己的金字塔、陵墓和神庙，建造这些大型工程的工匠和艺术家们也要持续地住在靠近工地的附近，逐步形成了工匠的居住社区（Settlement），或许是世界上最早的村落，考古学家甚至把这样的居住区称为镇或城市，这类居住社区或城市在埃及有多处，比较著名的有德尔麦迪那 (Deir el-Medina) 居住社区、卡洪镇 (Town of Kahun) 和阿肯太顿城〔City of Akhetaten〕，以及史前期建造的大象居住社区 (Settlement of Elephantine or Elephantine Island) 和祭拜奥西里斯 (Cult of Osiris) 的阿比杜斯居住社区 (Settlement of Abydos) 等，本书重点介绍前 3 项实例。[52]

20 世纪初期，在考古学家伯纳德·布吕耶尔 (Bernard Bruyere) 的领导下，在靠近王后谷的德尔麦迪那地区发现了一个新王国时期建造的居住社区，居住社区中有一个工匠村，工匠村占地面积约 5600m^2，四周高墙围合，村内的道路很窄，约有 68 户住宅，每户住宅建筑面积平均 70m^2，约有 4~5 个房间，包括入口和厨房，住宅内还设有供奉神像的壁龛，住宅用黏土砖建造，住宅的基础则用石块砌筑，相当科学。德尔麦迪那工匠村仅仅是德尔麦迪那居住社区的一部分，整个居住社区人口总计约 17000~20000 人，约 3400 户家庭。[53]

卡洪镇：古代城市的雏形

1889 年，英国考古学家和埃及古物学专家弗林德斯·皮特里〔Flinders Petrie，公元 1853—1942 年〕在法尤姆省的拉罕〔El-Lahun〕附近考察到中王国时期的一片居住区，并将其命名为"卡洪" (Kahun)。[54]卡洪居住区是为塞努塞尔特二世 (Senusert II) 法老建造陵墓和修建拉罕地区农业灌溉渠堤坝的工人提供的居住区，而且主要是为工人中的精英们建造的居住区，由于规模较大，设施相对完善，我们姑且称之为"卡洪镇" (Town of Kahun)。卡洪镇平面接近矩形，东西长 400m，南北宽 350m，全镇外围有厚墙围合，围墙厚 3m，高 6m，虽然没有建造防御工事，也具有一定的防御能力。卡洪镇地势自西北坡向东南，东南方向约有 1/3 的遗址已被破坏，据说是尼罗河洪水冲刷的结果。镇内西侧有一道南北向的厚墙将全镇分成 2 个区，2 个区的规模和住宅标准不同，西区规模较小，区内均为中、

---

[52] 大象居住社区位于埃及和努比亚之间，是尼罗河中的一个小岛，俯视其外形会联想到大象，此外，该地在古代曾经营过象牙产品，因而得名。

[53] Barry J. Kemp. Ancient Egypt : anatomy of a civilization[M]. New York : Routledge, 1989：195.

[54] 卡洪工人村所在的地区也称伊拉胡恩（Illahun），今日的拉罕（El-Lahun）是一座阿拉伯城。

低标准住宅，东区规模较大，区内布置中、高标准住宅，包括几幢"豪宅"和一座小神庙，卡洪镇的东西两区似乎互不联系，显示出贫富之间的区别。根据相关资料分析，卡洪镇的人口约为5000~10000人。⑤⑤

卡洪镇东区入口在东侧，进入大门后有一条笔直的东西向大道，通向尽端的神庙，大道两边布置高标准住宅，平均每户约2500m²，大道尽端北侧的住宅被认为是"镇长"的官邸，镇长官邸的地势也相对较高，东区豪宅南侧有一部分面积较小的建筑物，应当是为高标准住宅主人服务的生活辅助用房，包括仓库和仆人住房。西区的入口在遗址中没有显示，估计应在南侧，西区内有一条南北向的道路，南北向的道路宽狭不等，西区的住宅呈行列式排列，住宅间有11条东西向小路，小路宽4m，在当时已属标准较高的道路。西区的住宅大部分为中、小户型住宅，每户约31~84m²，少部分住宅为较大的户型，平均每户约150m²。西区有一幢168m²的住宅，平面布置非常典型，入口朝北，因为当地的主导风向来自北方，入口内的两侧分别是接待室和守卫室，入口的前方是内院，内院是住宅的核心区，内院南侧是起居室，内院东西两侧是仓储或私密房间，起居室的两侧是卧室，大部分房间内部互相连通，功能灵活。⑤⑥另一实例为东区的高标准住宅，根据弗林德斯·皮特里测绘资料绘制的住宅平面犹如迷宫，并且有明显的中轴线，我们姑且称之为豪宅。豪宅入口沿街朝南，客人进入豪宅后须经过狭长的走道，先进入带柱廊的花园，再经过另一条走道转入四柱式接待厅，接待厅旁是带壁龛的卧室。沿着豪宅中轴线，在四柱厅南侧有一个带柱廊的内院，内院南北两侧应当是女眷住处，进入豪宅女眷住处须从四柱厅向南绕行。豪宅的另一处卧室布置在西北方向，须从后花园进入。豪宅的仓储也分为2处，分别布置在豪宅的东北和西南，其他辅助用房均在东侧。⑤⑦看到豪宅的布局再次感到惊讶，埃及古王国时期的豪宅竟然思虑如此周密，不仅具有高度私密性和安全感，设计水平似乎也远远超越古希腊或古罗马的早期住宅。

阿肯太顿：一座有完善规划的新城

古埃及有一座名为"阿肯太顿"（Akhetaten）的城市，位于开罗以南287km的尼罗河畔，是倡导宗教改革的第18王朝国王阿肯那顿（Akhetaten）在位时（约公元前1353—前1336年）规划建造的，取名阿肯太顿是为了表达他对太阳神阿顿(Aten)的崇敬。阿肯太顿所在的地址原名特勒埃尔·阿马尔奈（Tell el-

⑤⑤ Barry J. Kemp. Ancient Egypt : anatomy of a civilization[M]. New York : Routledge, 1989：153.

⑤⑥ Kasia Szpakowska. Daily Life in Ancient Egypt: recreating Lahun [M]. Malden, MA : Blackwell Pub., 2008：14—17.

⑤⑦ Barry J. Kemp. Ancient Egypt : anatomy of a civilization[M]. New York : Routledge, 1989：152.

Amarna），故而今日阿肯太顿城也称阿马尔奈遗址。[58] 阿肯太顿城位于尼罗河东岸，介于孟菲斯和底比斯之间，是一座全新的城市，似乎也是人类历史上第一座有完善规划的城市。

阿肯太顿城区原是一片相对平坦的沙漠高地，西侧是尼罗河，北侧和东侧是悬崖。阿肯太顿包括中心城（Central City）、北城（North City）、北宫（North Palace）、北郊（North Suburb）、南郊和郊外墓地等，城市边界的陡崖上立有 3.9m 高的"界碑"(Boundary Stelae) 作为标志，界碑围合的面积约为 16 km × 13 km。据估算，阿肯太顿城可容纳 45000 人，当时的实际人口约为 20000~50000 人之间。[59]

阿肯太顿城的总体布局以皇家大道（Royal Roadspine）为轴线，皇家大道是一条平行于尼罗河的南北向大道，北端是阿肯太顿的北城，北城的北面是悬崖，北城的"滨河王宫"（Riverside Place）是阿肯那顿经常居住的地方，有城堡式的高墙围合，防御功能很强，高墙和宫殿间是兵营，兵营内居住着阿肯那顿的贴身护卫。北侧悬崖下置有办公用房和很大的粮仓，保证王宫有足够的备用粮。滨河王宫地势险要，易守难攻，悬崖的阴影与尼罗河水为王宫创造了良好的自然环境。北城南侧不远的地方是北宫，北宫是阿肯那顿和王后娜芙蒂蒂的长女梅莉塔提（Meritaten）居住的地方，北宫内有相对完善的设施，有较为正规的接见大厅和开敞式的太阳庙，居住套房不仅有卧室而且有浴室，此外，北宫还有内院和花园，并且饲养着动物。从北宫向南，跨越北郊后便是阿肯太顿的中心城，中心城建造在一片相对较高的地段上。

阿肯太顿的中心城紧临尼罗河，中心城最大的建筑物是石灰石建成的阿顿大神庙(Great Aten Temple)，神庙布置在中心城的北端，阿顿大神庙主轴线为东西方向，入口朝西，面向尼罗河，神庙空间尺度极大，东西向长 730m，南北向宽 229m，气势雄伟。神庙内部大部为开敞空间，据专家分析：阿肯那顿还没有全部完成阿顿大神庙的宏伟蓝图。中心城南端另有一座阿顿小神庙（Smaller Aten Temple），小神庙占地相对较少，布局紧凑。阿顿大神庙和阿顿小神庙之间是宫殿建筑群，宫殿建筑群包括大宫（Great Palace）、国王住宅（King's House）、军事邮政（Military Post）、档案室（Records Office）和面包房（Bakery）等。宫殿建筑群特意向西延伸，更加靠近尼罗河，同时与阿顿大神庙共同组合一处宽阔的城市广场。中心城的大宫是国王理政的地方，全部由石材建造，空间尺度亲切，建筑装饰明快，大宫的主体建筑有一个很大的内院，内院四周围合着阿肯那顿的雕像柱廊，此外，大宫

---

⑱ 阿马尔奈地区原为贝都因（Bedouin）部落居住，阿马奈是贝都因人对该地的称呼，阿拉伯语"Tell"是"小山丘"的意思。阿肯太顿的含义为"阿顿神德泽之地"或"太阳光盘的范围"（Horizon of the solar disk）。

⑲ Barry J. Kemp. Ancient Egypt : anatomy of a civilization[M]. New York : Routledge, 1989：269.

内还有一系列的小厅和小内院，空间丰富。国王住宅也称法老的停泊处（mooring-places of Pharaoh），是阿肯那顿办公的地方，也是他奖赏和处罚官员的地方，国王住宅与大宫之间还设有一座小桥。

阿肯太顿中心城的南、北郊，分布有贵族住宅和平民住宅，雕塑家图特摩斯住宅（House of Thutmose）和天文学家纳黑特住宅（House of Nakht）均布置在中心城的南郊。由于阿肯太顿靠近尼罗河，周边有大量农田，足以保证城市居民的生活需求。阿肯那顿还创造性地解决了劳动力的安置问题，在阿肯太顿中心城东侧建造了工人村，为工人和艺术工匠提供了最基本的居住条件。阿肯太顿的陵墓群分布在城东陡崖下，阿肯那顿本人的陵墓布置在王宫正东。阿肯太顿的建设始于阿肯那顿执政的第 5 年，阿肯那顿在他执政的第 17 年去世（公元前 1336 年或公元前 1334 年），由于建都时间不长，墓葬多未竣工，但是城市布局已初具规模。[60]

阿肯太顿成功地解决城市供水问题也是一大奇迹，他们不仅解决了居民的生活供水，甚至也解决了城市绿化和私人花园的供水问题，改变了用驴驮运的习惯。解决供水的方法是"掘井"，他们科学地探测水文地质情况，合理地选择井的位置和设计取水的方法。阿肯太顿所在的地区表层沙土很浅，向下穿过坚硬的泥灰基岩便是碎石，再向下深挖便是质地相对较软的浅色砂岩层，一种含有新鲜水源的砂石含水层，水源距地面约 7m。阿肯太顿居民的取水方法是挖掘直径 9 m 的圆形下沉式小广场或正方形广场，并且修建通向下沉广场的缓坡道，下沉广场成为相对开敞的取水空间，这种方式既可减轻劳力，又方便多数人同时取水。[61]

阿肯太顿的城市规划在公元前 1350 年能够达到如此规模，如此科学，如此有创造性，几乎令人难以置信。阿肯太顿的城市布局很有特色，畅通的皇家大道作为城市的主轴线，皇家大道左侧是尼罗河，右侧是山，大道尽端以滨河王宫为对景，滨河王宫则以悬崖为背景，坐北朝南，不仅占据"风水宝地"而且景观绝佳。沿着皇家大道形成有节奏的空间序列，并且有一条小河跨越，增加了情趣。中心城位置相对居中，建筑物的布局紧凑，虽有皇家大道穿过，但是大道两侧的建筑物并不对称。中心城的南北两侧为居住区，居住区的布局灵活，空间丰富，北郊居住区还沿着一条小河。皇家大道北端的三角形地段仅有北宫，似乎是作为皇族的保留地段，甚至有可能作为皇家园林。根据已经发掘的遗址分析，阿肯太顿的规划思路很有远见，皇家大道东侧有足够的土地，为城市发展提供有利条件，因此，城市发展有可能按照既定的功能分区，自西向东，平行扩建。由于考古学家们并未从建筑学角度分析阿肯太顿遗址，笔者尚未见到国际建筑界有关阿肯太顿的评论，冒昧地作出上

⑥ Barry J. Kemp. Ancient Egypt : anatomy of a civilization[M]. New York : Routledge, 1989：271-281.
⑥ Barry J. Kemp. Ancient Egypt : anatomy of a civilization[M]. New York : Routledge, 1989：291-292.

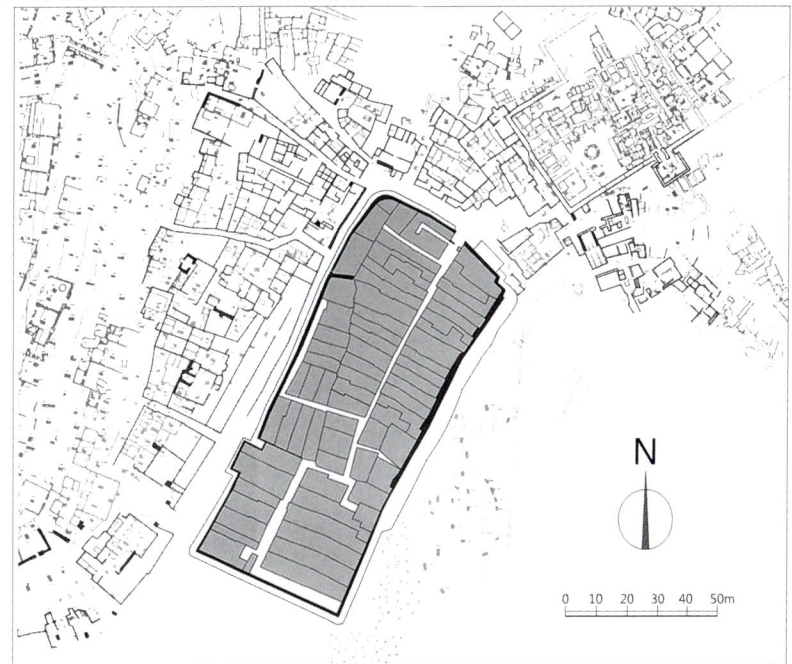

6-19	6-20
6-22	6-21

6-19 德尔麦迪那工人村遗址鸟瞰

6-20 俯视德尔麦迪那工人村

6-21 德尔麦迪那工人村遗址总平面

6-22 德尔麦迪那工人村的神庙

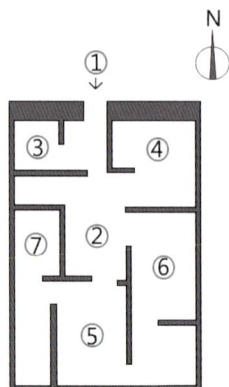

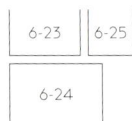

6-23　德尔麦迪那村落沿山坡建造的私人陵墓

6-24　中王国时期的卡洪镇总平面

　　　1- 东区入口；2- 卡洪镇神庙；3- 镇长官邸；4- 东区豪宅；
　　　5- 西区的住宅

6-25　中王国时期的卡洪镇中等标准住宅示意

　　　1- 入口；2- 内院；3- 守卫室；4- 接待厅；5- 起居室；
　　　6- 卧室；7- 仓储间

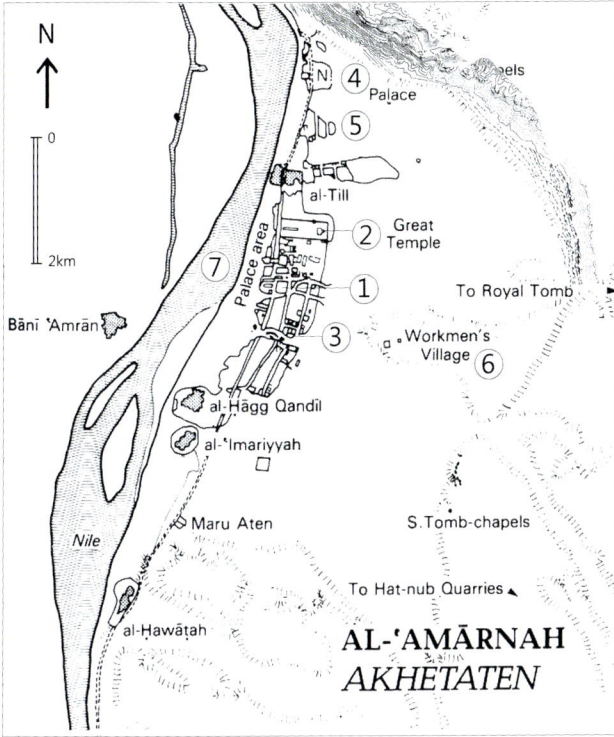

AL-'AMĀRNAH
AKHETATEN

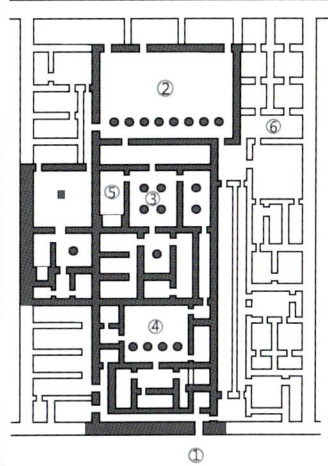

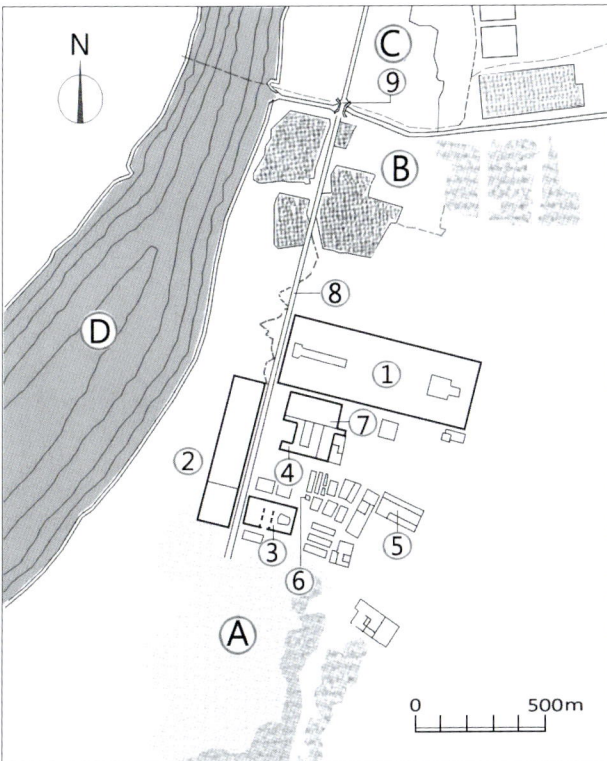

6-26 中王国时期卡洪镇东区豪宅遗址平面

1- 入口；2- 花园；3- 接待厅；4- 内院；5- 卧室；6- 仓储间

6-27 阿肯太顿城市遗址现状

1- 王宫；2- 阿顿大神庙；3- 阿顿小神庙；4- 滨河王宫；5- 北宫；6- 工人村；7- 尼罗河

6-28 阿肯太顿中心城的规划示意

1- 阿顿大神庙；2- 大宫；3- 阿顿小神庙；4- 国王住宅；5- 军事邮政；6- 档案室；7- 面包房；8- 中央干道；9- 大桥
A- 南郊；B- 北郊；C- 北城；D- 尼罗河

6-29 阿肯太顿中心城模型，从北侧望阿顿大神庙和庙前广场

6-30 阿肯太顿中心城的阿顿小神庙现状

6-31 阿肯太顿南郊居住区局部平面
1- 大祭司拉摩斯的住宅；2- 工匠领班的住宅

6-32 阿肯太顿南郊居住区局部模型

6-33 阿肯太顿南郊居住区的雕塑家图特摩斯豪宅
1- 主入口；2- 第一道内院；3- 第二道内院；
4- 主人卧室；5- 浴室；6- 楼梯；7- 粮仓；
8- 著名的娜芙蒂蒂王后彩色半身雕像出土地点

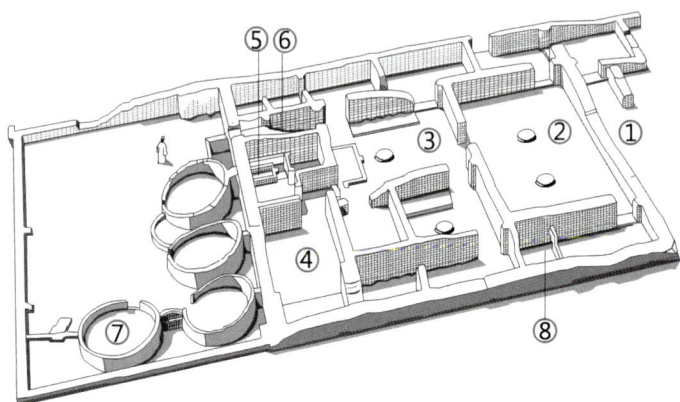

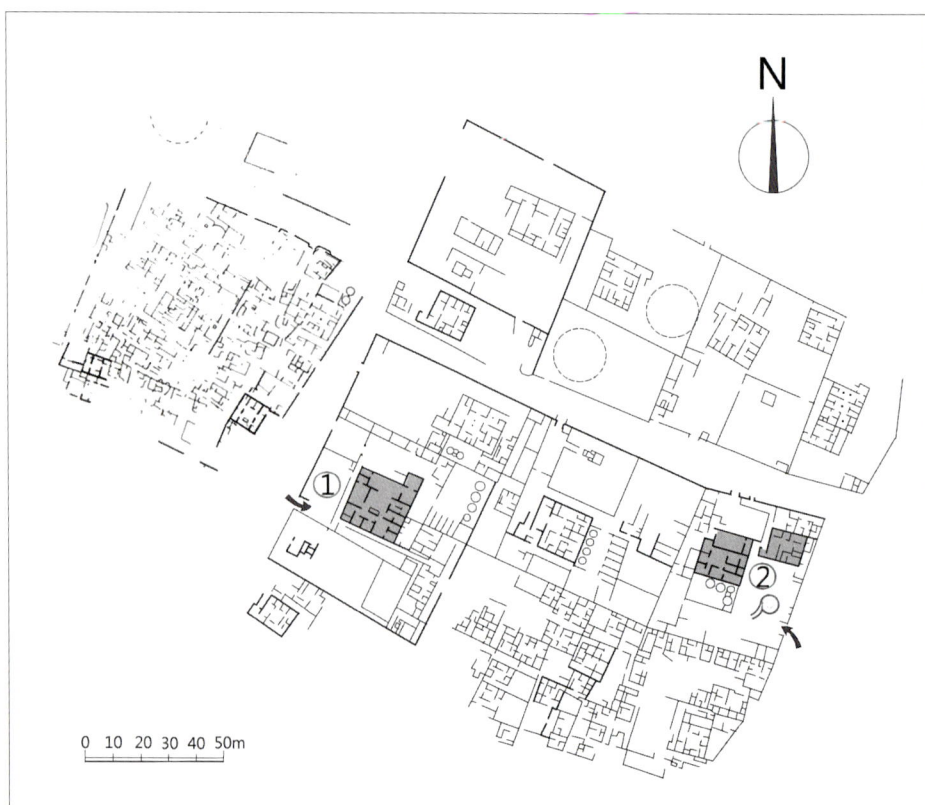

0 10 20 30 40 50m

N

述分析，供读者参考，相信今后会有更加确切的评论。[62]

　　由于阿肯那顿执政时间不长，阿肯那顿去世后，他的继承人图坦卡蒙在旧势力的压力下将首都迁回底比斯，阿肯太顿城被废弃，阿肯那顿提倡的宗教改革也被后人否定，阿肯那顿的称呼被抹杀，古埃及的历史一度只承认他是阿蒙霍特普四世。

　　阿肯太顿的考古工作不仅在建筑学方面作出了贡献，也使后人加深了对古埃及历史的认知，英国的埃及学先驱弗林德斯·皮特里自公元 1891 年在阿马尔奈遗址上开始阿顿神庙的考古工作，在仅仅 28m² 的地段上发现了新王国时期的绘画，画有花园和狩猎的情景，使阿马尔奈开始成为吸引游客的地方。公元 1907 年，爱德华·艾尔顿 (Edward R. Ayrton, 公元 1882—1914 年) 在 KV55 陵墓中发现阿肯那顿的木乃伊，根据 DNA 检测，确定阿肯那顿与图坦卡蒙的父子关系。对阿马尔奈遗址的研究不仅加深了对古埃及宗教的认知，纠正了古埃及历史上对阿肯那顿的偏见，也使人们提高了对阿肯那顿的研究兴趣。根据相关资料记载，阿肯那顿曾被认为相貌丑陋，因为他有一张长脸，后脑勺强烈后伸，其实有这种相貌的人并不奇怪，只是古埃及多数法老的雕像都被美化了，甚至是程式化了，阿肯那顿的雕像应当是写实主义的，这也应当是阿肯那顿本人的观点。著名的娜芙蒂蒂王后彩色半身雕像是在雕刻家图特摩斯住宅中发现的，造型优美，国际雕塑界对娜芙蒂蒂王后雕像有高度评价，认为是古埃及雕塑的一次革新，阿肯那顿与娜芙蒂蒂的雕塑使我们更加全面地了解到阿肯那顿的革新思想。本书 1.2 节中有 1 张阿肯那顿的浮雕，显示阿肯那顿向太阳祈祷的真实形象，1.4 节中还有 1 张娜芙蒂蒂的头像雕塑，两座雕塑都是阿肯那顿在位时的作品，阿肯那顿并没有要求雕塑家将自己的形象美化，气度非凡。在阿肯太顿城遗址中发现了许多有价值的文字材料和杰出的艺术品，考古工作仍在进行中，相信会有更多的资料证明这座城市的历史价值。

6.4　建筑物与雕塑、绘画和景观的结合
The Combination of Buildings, Sculptures, Paintings and Landscape

　　国际建筑界论述西方建筑历史的书籍中，均将古希腊、古罗马的建筑物与绘画、

---

[62] 本书选用的阿肯太顿中心城规划图引自：Barry J. Kemp. Ancient Egypt : anatomy of a civilization[M]. New York : Routledge, 1989：271。原稿是考古工作者绘制的，本书作者根据建筑学的要求进行了调整和技术加工，阿肯太顿的模型照片源自阿马尔奈遗址的展厅。

雕塑结合奉为经典，现代的建筑大师们也都反复强调建筑物与绘画、雕塑结合的重要性，其实，远古埃及早已把建筑物与雕塑、绘画融为一体。维特鲁威在《建筑十书》中虽然没有直接提出建筑物与雕刻、绘画的结合，但是希腊柱式本身就是雕刻，伊瑞克特翁神庙（Erechtheion）的少女像柱廊（Caryatids）就更加说明问题了，古希腊建筑物中绘画相对较少，是大理石的雕刻占据统治地位。

　　古埃及的建筑物与雕刻、绘画的结合极为紧密，不仅在立柱形式的变化中体现了雕刻的作用，墙面上的雕刻更是处处可见，古埃及的"柱式"与希腊、罗马柱式不同之处在于立柱表面增加了装饰性的彩色几何图案，不仅在神庙的立柱表面绘有彩色图案，贵族住宅的立柱也同样有彩绘。绘画在古埃及的陵墓中表现更加充分，绘画的内容非常广泛，并不局限于宗教内容，在私人陵墓的壁画中充分展示出当时的生活和习俗，内容丰富。象形文字的绘画效果提高了古埃及建筑物的艺术性，成为古埃及装饰艺术的重要内容。雕刻和绘画不仅提高了建筑物本身的艺术价值，其描绘的战争场面和劳动人民的生活场景使建筑物本身具有历史博物馆的作用。

　　艺术家帕什杜 (Pashedu) 的陵墓 (TT3) 是个很典型的私人陵墓，帕什杜是塞提一世时期的工匠头，他的父亲是本书前面提到过的著名工匠门纳，帕什杜陵墓中的绘画内容虽然不如他父亲陵墓中的绘画内容丰富，但是特色鲜明，一是绘画与墓室空间配合，二是墓葬室尽端的一幅绘画独具匠心。帕什杜陵墓是对称的布局，从通道至墓葬室的绘画也运用对称的布局，互相呼应，加强了对称空间的视觉效果。通道两侧是对称的画面，引导亡灵之神阿努比斯的豺狼像 (Anubis as a jackal)，墓葬室尽端的对景是一幅构图极为新颖的绘画，画中的主人公是绿色面孔的阴府之神奥西里斯，他一手执权杖，一手执连枷，前后均有神祇向他奉献，画面左侧的神祇是著名的拉神之眼 (Eye of Ra)，也称瓦吉特眼睛 (wedjat-eye) 或荷鲁斯之眼 (The eye of Horus)，拉神之眼的后侧是鹰神荷鲁斯，拉神之眼和鹰神荷鲁斯的背景是红色的花岗岩山脉，这幅绘画不仅构图新颖，内容也很丰富。⑥

　　塞内菲尔（Sennefer）的陵墓 (TT96) 尤为突出，走进他的陵墓犹如进入了葡萄园，因而被称为"葡萄园陵墓"(Tomb of the Vineyard)。塞内菲尔以绘画形式在地下陵墓中创造出美妙的自然景观，堪称一绝。塞内菲尔陵墓顶部凹凸不平，在不平整的顶部画葡萄树，不仅增加了绘画的立体感，而且掩饰了陵墓表面不平整的缺陷。葡萄园陵墓是古埃及很有特色的私人陵墓，它摆脱了古埃及陵墓传统的装修模式，陵墓主人塞内菲尔是古埃及新王国时期第 18 王朝、第 7 位法老阿蒙霍特普

⑥　"拉神之眼"是自古埃及流传至今的埃及重要符号，也是古埃及文化中令人印象深刻的符号。拉神之眼具有神圣的含义，代表着神明的庇佑与至高无上的权威。古埃及人相信拉神之眼能在复活重生时发生作用，拉神之眼也称瓦吉特眼睛，瓦吉特原为古埃及历史最久的眼镜蛇女神，由于古埃及诸神常互相关联，符号经常互相借用，拉神之眼或鹰神荷鲁斯的右眼最终成为法老甚至贵族的守护神。

二世 (Amenhotep Ⅱ) 在位时期（公元前 1427—前 1401 年）的底比斯"市长"，塞内菲尔同时也是当时的粮仓、牲畜、农田和园林总监。由于受到阿蒙霍特普二世的宠信，塞内菲尔积累了大量财物，据说他的私家花园最有名，普遍认为他的花园是他本人设计的，因此，也可以把他视为历史上最早的景观建筑师。

在古代埃及的金字塔、陵墓和神庙等大型纪念性建筑物中，均有颇具水平的景观设计穿插其间。公元前 2000 年，中王国的首位法老门图荷太普二世在帝王谷不仅首先建造了陵墓，也首先在陵墓前布置了绿化，门图荷太普二世陵墓前的庭院内精心布置了矩形花池，种植珍贵树木，这是古埃及难得一见的神庙花园，这种沙漠区的花园不仅需要园丁经常维护，而且要具备复杂的灌溉设施。继门图荷太普二世之后，新王国时期的建筑师森纳穆特在第 18 王朝女王哈特谢普苏特陵墓设计中，进一步发挥了绿化景观的作用，哈特谢普苏特陵墓是 3 层退台式的造型，各层平台上均有绿化，陵墓前的坡道两侧也绿树成荫，坡道连接着狮身人面像大道，气势非凡。今日的哈特谢普苏特陵墓已基本修复，静静地站在陵墓前，完全可以想象出昔日陵墓的优雅、壮观景象。

古代埃及景观设计另一个范例是公元前 2000 年中王国初期开始建造的卡纳克神庙群，卡纳克神庙群中的图特摩斯三世节日神庙不仅规模大，而且保护相对完好，其中的植物园与圣地中的圣坛令人尤为关注，植物园是神庙内部的一个房间，房间四壁是为神祇提供的植物雕刻，说明古埃及对绿色环境的重视。图特摩斯三世节日神庙南侧有一片清澈的圣水湖，湖面很大，平面呈矩形，虽然今日的水面很小，相信昔日一定相当壮观，它不仅丰富了神庙的景观，也改善了小区环境。

大英博物馆中有一幅尼巴蒙墓葬室的壁画，名为"尼巴蒙的花园"，制作于公元前 1350 年，尼巴蒙墓葬室的壁画在本书第一章中已经介绍过一部分，这一幅被认为是描绘尼巴蒙的花园，壁画中央是一座祭台，祭台上是丰富的农产品和果品，祭台下方是花园内的一景，壁画四周描绘花园内丰硕的果实，遗憾的是画面缺损，不能全面领会昔日的园林景观。

在开罗的埃及博物馆中展出一座 4000 年前带有花园的住宅木制模型，模型长 87cm，宽 40cm，高 43cm，住宅前的花园不仅有精心配置的树木，而且沿着中轴线还设有水池，柱廊立柱上的彩色浮雕也成为景观的一部分，再一次证明古埃及存在较高水准的景观设计。[64]

---

[64] 该模型是从底比斯的代尔拜赫里地区、中王国时期的麦克特瑞陵墓 (Tomb of Meketre, TT280) 中发掘出来的，模型制作时间约在公元前 1981—前 1975 年。

6-34 新王国时期哈布城的拉美西斯三世神庙内立柱上的彩色雕刻

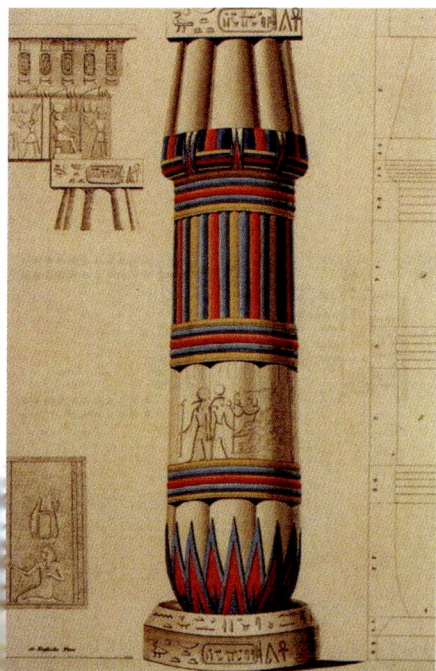

6-35　典型的闭合型柱头纸莎草束形柱

6-36　新王国时期哈布城拉美西斯三世神庙柱头
　　　上的彩绘雕刻

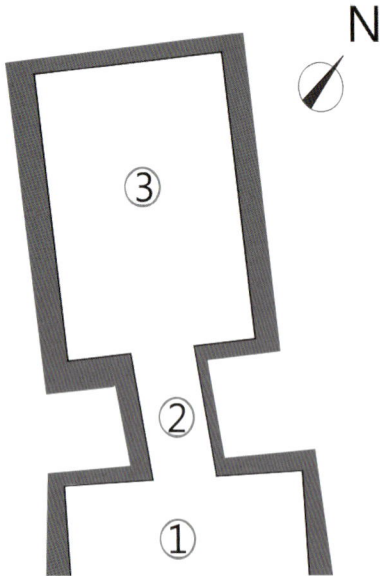

6-37 帕什杜陵墓平面
　　　1- 前室；2- 过道；3- 墓葬室
6-38 帕什杜墓葬室入口两侧的壁画
6-39 帕什杜陵墓主人在树下祈祷的壁画

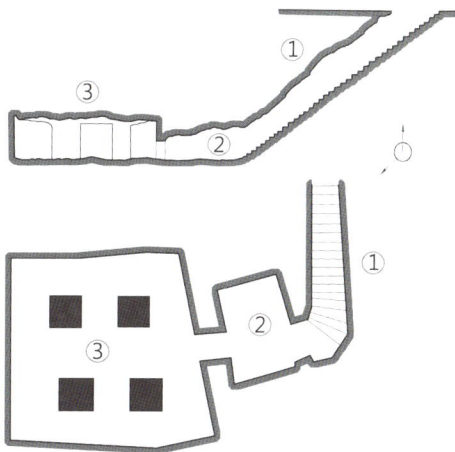

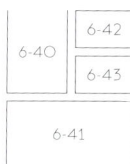

6-40 通向墓葬室通道两侧对称的豺狼像壁画

6-41 帕什杜陵墓的墓葬室尽端有创意的对景壁画

6-42 塞内菲尔陵墓剖面

6-43 塞内菲尔陵墓平面
　　1- 楼梯；2- 门厅；
　　3- 墓葬室

221

6-44 塞内菲尔陵墓墓葬
室透视

6-45 陵墓墓葬室壁画

6-46 塞内菲尔的"葡萄园陵墓"壁画

6-47 塞内菲尔陵墓壁画显示祭司在葡萄园内为主人祈祷

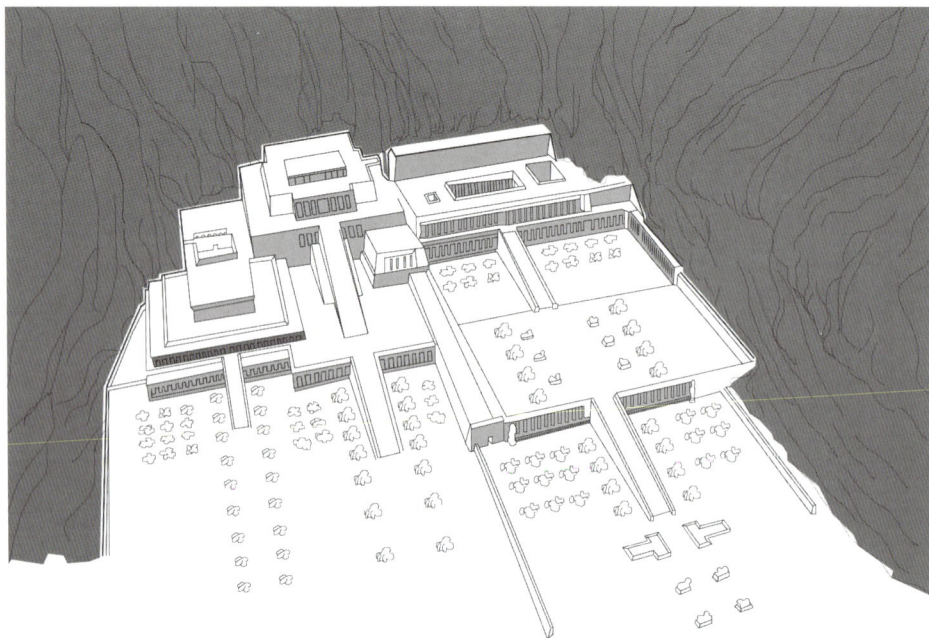

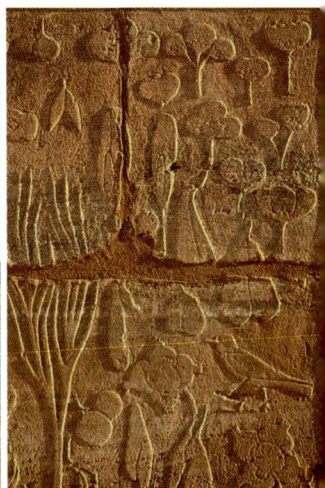

6-48 门图荷太普二世陵墓、图特摩斯三世陵墓与哈特谢普苏特陵墓建筑群的布局与绿化

6-49 卡纳克神庙群内一片清澈的圣水湖

6-50 图特摩斯三世节日神庙为神祇提供的植物雕刻

6-51 图特摩斯三世节日神庙为神祇提供的花卉雕刻

6-52 尼巴蒙的花园壁画

6-53 距今 4000 年前古埃及带有花园的住宅模型

6.5 古埃及的审美观

The Aesthetic Standards of Ancient Egypt

古代埃及人具有令人赞赏的审美观，在古王国时期，他们选择了金字塔作为法老的陵墓，成为古埃及最早的纪念性建筑物。1863 年，法国著名建筑师和理论家维奥莱—勒—杜克 (Viollet-le-Duc, 公元 1814—1879 年) 在《建筑学讲座》(Lectures on Architecture) 一书中首先提出"埃及三角形" (Egyptian triangle) 的概念，他认为有 3 种三角形可以作为控制建筑物获得良好比例的设计基础 (basis of the design)，即等边三角形、3-4-5 三角形和埃及三角形。[65]杜克提出的 3 种三角形是通过对古埃及胡夫金字塔研究的成果，等边三角形是通过金字塔中心、平行正方形平面底边的剖切面，3-4-5 三角形是由等边三角形派生出来的，埃及三角形则是金字塔对角线剖切面形成的三角形。埃及三角形的底边长度与高度比恰好是 8∶5，杜克认为 8∶5 的比例具有良好的视觉效果。杜克进一步研究古埃及的神庙和古代希腊的神庙,发现卡纳克神庙群中的孔斯神庙立面符合等边三角形的规律，而古代希腊的帕提农神庙 (Parthenon Temple) 的立面比例则与埃及三角形一致。[66]

1889 年，法国建筑历史学家奥古斯特・舒瓦西 (Auguste Choisy, 公元 1841—1909 年) 在研究古代埃及的建筑比例过程中发现了更多的内在规律，在他的著作《建筑学史》(Histoire de l'Architecture) 中详细分析了古代埃及如何运用三角形的比例关系进行设计，并且把金字塔的比例关系更加系统化。不少学者认为古代埃及已经知道在建筑物的设计中运用黄金分割比 (Golden Section)，根据埃及古物学家亚历山大・巴达维〔Alexander Badawy〕的研究，古代埃及在设计纪念性建筑物立面时常用直角三角形、正方形和矩形，并且成功地运用黄金分割比和斐波那契数列 (Fibonnacci Series)，又译黄金分割数列。

埃及古王国的金字塔造型显示的是雄伟、稳定，在现代建筑创作中，金字塔造型也常被运用，著名建筑师贝聿铭在设计巴黎卢浮宫扩建工程时，在卢浮宫围合的广场中心设计了一座玻璃金字塔，作为地下扩建工程入口大厅的采光屋顶，恰到好

---

[65] 这种控制立面比例的三角形在建筑设计中被称为控制线 (Regulating line)。

[66] Corinna Rossi. Architecture and Mathematics in Ancient Egypt[M]. Cambridge:Cambridge University Press, 2004:11.

处，这座玻璃金字塔造型稳定但并不雄伟，因为在卢浮宫的庭院内并不需要添加"雄伟"的建筑物，这是贝聿铭的高明构思，玻璃的三角形锥体造型也会令人联想到雄伟的埃及金字塔，这就足够了。此外，埃及古王国的卡夫拉狮身人面像是人类历史上的第一座大型纪念性雕塑，狮身人面像的造型服从于古埃及早期雕塑的"正面律"程式，与金字塔互相呼应，气势雄伟，使雕塑艺术与政治和宗教的需要有机结合。

古代埃及很重视建筑物的空间变化，从古王国的金字塔、中王国的陵墓到新王国的神庙，空间变化不断丰富，开敞的庭院与封闭的神殿交替组合，虽然一组建筑群的建造时间很长，但几代法老和他们的建筑师或建造总监却始终能够遵循着共同的设计原则，因为他们有共同的信仰和共同的审美观。神庙是奉献给神祇的，虽然也有奉献给法老本人的目的，但是神祇还是第一位的，太阳神威力无比，奉献给太阳神的神庙自然要非常雄伟，古代埃及的法老充分发挥了想象力，他们建造的神庙至今仍然是世界上最雄伟的纪念性建筑物。古埃及的陵墓空间更加丰富，由于功能面向法老个人的来世，尺度比较人性化，陵墓空间变化的另一个原因是工程地质的要求，虽然陵墓建造的地区均为石灰石，地质条件较好，但局部也会有些变化，陵墓的布局要避开地质条件较差的岩层。

古代埃及神庙的门楼具有很高的审美价值，也是最早的象征性建筑物，门楼两侧的塔楼象征两座山，中间的入口降低，太阳从中间入口上方升起。门楼入口上方的平台非常重要，重要节日期间，太阳神的塑像会出现在门楼中间的平台上，法老也会在平台上和公众见面，平台的高度也恰好符合公众的视线范围，门楼的象征性和功能的结合对后世启发很大。

古埃及首创的方尖碑也令人敬佩，方尖碑比例优美，高耸的造型似乎可以刺破天空。据说昔日尖顶上涂有白金，闪闪发光，方尖碑上的象形文字不仅是碑文而且具有装饰效果。方尖碑是一块完整的石材，尤为珍贵，方尖碑的造型意义深远，充分显示出古埃及人的审美品位，似乎至今还没有哪种纪念碑的造型可以超越方尖碑的雄伟形象。[67]

古代埃及的审美观也反映在绘画和雕塑中，工匠领班门纳陵墓中的"农业丰收"壁画耐人寻味，在对称的构图中寻求变化，劳动者的双臂交叉重叠，加强了绘画的表现力，是写实与浪漫的结合。古代埃及的绘画和雕塑不仅构图优美，人物形象和服装也令人赞赏。图坦卡蒙宝座背板的雕刻展示了王后正为国王涂油，"涂油"是古埃及的一种宗教仪式，雕刻背板上方的金色阳光洒向身着银袍的国王夫妇，使银袍更加典雅高贵，难以想象这是 5000 年前的服饰。

---

[67] 在罗马帝国时期，根据奥古斯都指令，从罗马帝国的行政省——埃及搬至罗马 13 个方尖碑，以衬托罗马的尊严和伟大，现在罗马城内的方尖碑比世界任何一个地方的方尖碑都要古老。

6-54 金字塔成为古埃及最早的纪念性建筑物
6-55 金字塔巨石前的骆驼显得非常渺小

6-56 等边三角形与埃及三角形的比较
  A- 等边三角形；B- 埃及三角形

6-57 以边长为 2 的正方形平面为基础的埃及金字塔各部分比例

6-58 巴黎卢浮宫广场中的玻璃金字塔

6-59 埃及神庙门楼的比例

6-60 卡纳克太阳神庙中门楼与多柱厅的比例关系
  1- 卡纳克太阳神庙第三道门楼；2- 太阳神庙的大多柱厅；
  3- 神庙多柱厅中间的高柱；4- 多柱厅中间的高窗

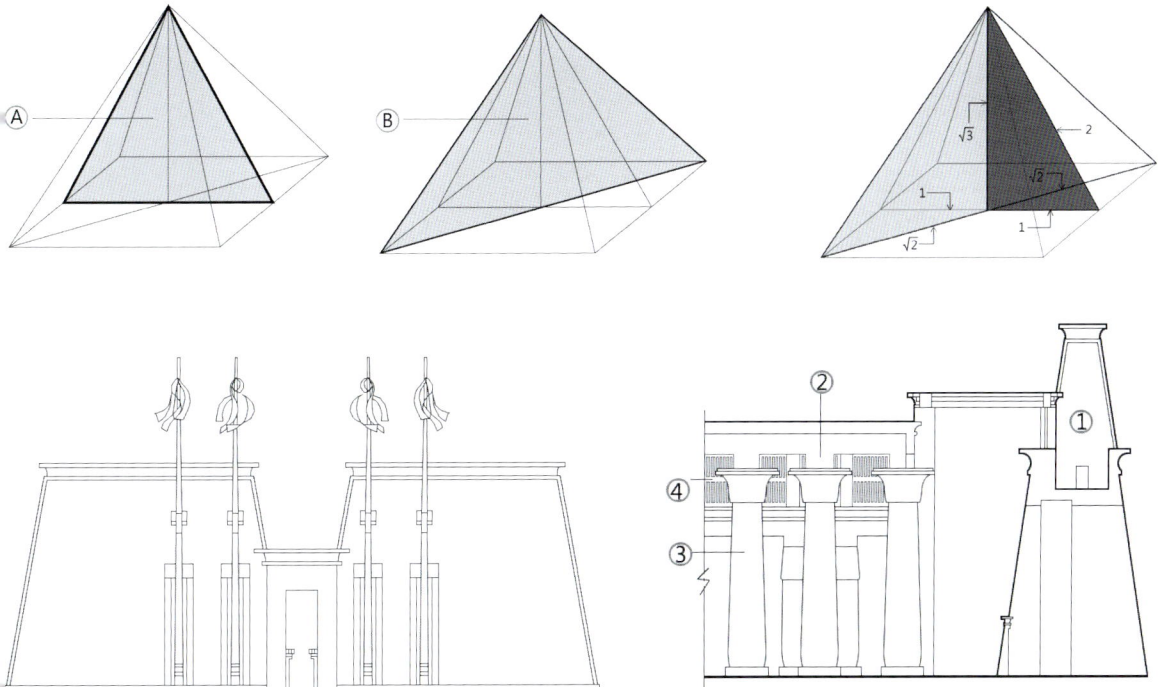

6-63　卡纳克神庙群中的哈特谢普苏特方尖碑

6-64　门纳陵墓中显示农业丰
　　　收的景象

6-65　图坦卡蒙宝座背板的雕
　　　刻展示王后正为国王涂
　　　油，上方是阿肯那顿崇
　　　拜的太阳神

7 法老后裔的现代生活

The Modern Life of the descendants of Pharaoh

我在国外考察时，每到一处，总是要观察一下当地人民的生活习俗，埃及自公元7世纪以后已经完全伊斯兰化了，埃及的伊斯兰建筑虽然也很有特色，但是伊斯兰建筑与法老时代的建筑区别太大了。由于法老时代给我留下的印象太深了，很想寻找一下法老时代留给埃及当代人的影响，恰好听到有人说：法老后裔的生活与众不同，在旅行社的安排下，2013年10月我有幸拜访了一户埃及阿斯旺地区的努比亚家庭，目睹了他们的居住环境。

　　努比亚人是居住在非洲苏丹北部和埃及南部的民族，历史悠久，他们居住在尼罗河上游地区，从古至今，努比亚一直被认为是埃及与黑色非洲之间的过渡地区。努比亚人的历史始于旧石器时代，埃及的古王国时期便与努比亚人有交往，此后，古代埃及王朝多次征服努比亚人，努比亚人也征服、统一过埃及，在埃及建立了第25王朝，古埃及的第25王朝也称努比亚王朝，埃及努比亚人的历史成为埃及历史的一部分。多数埃及人把今日的努比亚人视为古代法老的后裔，原因之一是努比亚人确实当过埃及的法老，原因之二是今日大多数的努比亚人仍然生活在他们前辈居住的地区，而且继承着努比亚民族的传统生活方式，努比亚人的生活方式或许比现代大多数埃及人的生活方式更能表达古代埃及人的生活状况。

　　努比亚人居住的房屋仍然是黏土砖砌筑的努比亚式拱顶 (Nubian vault) 房屋，房屋粉刷成白色，主人在白墙上亲自作画，绘画内容丰富多彩，既有宗教符号也有描绘大自然的内容。今日的努比亚人虽然都信奉伊斯兰教，但是传统的崇拜大自然的信仰仍然影响着人们，绘画中甚至还有"拉神之眼"。室内的空间分隔相当"前卫"，起居室很大，分隔空间的墙均不砌筑到屋顶，形成流动空间，较小的卧室则仍然保持私密性。起居室的地面处理非常特殊，全部是棕色的细砂，我好奇地询问主人如何清扫，他告诉我：他们是用网眼很小的筛子仔细地把砂粒中的杂物筛分出来，保持砂粒的纯净。这种清理地面的方式令人耳目一新。努比亚人在家中全部是赤脚，相信古代的埃及人也是如此，这种因地制宜适应亚热带沙漠环境的民居似乎可以为研究人居环境的同行们提供参考。

7-1	7-2

7-3

7-1 尼罗河上游西岸靠近努比亚人居住区的库贝特哈瓦

7-2 尼罗河边的努比亚人

7-3 尼罗河边的努比亚民居

7-4 | 7-5

7-6

7-4　通向努比亚民居的楼梯
7-5　努比亚民居入口外的座椅
7-6　努比亚民居起居室的一角

7-7	
7-8	7-9

7-7 努比亚民居起居室的隔墙与流动空间

7-8 努比亚民居通向卧室的入口和正在维修的端墙

7-9 努比亚民居的卧室入口

7-10　努比亚民居的室内装修

7-11 | 7-12
7-13

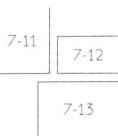

7-11 努比亚民居的小客厅

7-12 努比亚民居通透的外窗

7-13 努比亚民居的主人和他的宠物

7-17

7-18

7-17　努比亚民居前的夜行驼队
7-18　尼罗河上游的水禽

参考文献 Select Bibliography

[1] Dietrich Wildung. Egypt: From Prehistory to The Romans [M]. Kolon: Benedikt Taschen Verlag GmbH Hohenzollernrinb, 1997.

[2] Giorgio Agnese and Maurizio Re. Ancient Egypt: Art and Architecture of The Land of The Pharaos [M]. Vercelli: White Star S. r. l., 2004.

[3] Alessandro Bongioanni. Luxor and the Valley of the Kings [M]. Vercelli: White Star Publishers, 2004.

[4] Matthias Seidel and Regine Schulz with contribution from Abdel Ghaffar Shedid and Martina Ullmann. Egypt: Art and Architecture [M]. Potsdam: h. f. ullmann Publishing, 2005.

[5] Jermy Smith Consultant: Rupert Matthews. Ancient Egypt: 1000 Facts [M]. Essex: Miles Kelly Publishing Ltd., 2006.

[6] General Editor: Jaromir Malek. Egypt: Cradles of Civilization [M]. Cairo: Weldon Russell Pty Ltd., 1993.

[7] Mitsuo Nitta. Ancient Egypt [M]. Tokyo: Gyosei Co., Inc., 1985.

[8] Corinna Rossi. Architecture and Mathematics in Ancient Egypt [M]. Cambridge: Cambridge University Press, 2004.

[9] Vitruvius. Ten Books on Architecture [M]. translated by Morris Hicky Morgan. New York: Dover Publications, INC., 1960.

[10] Edited by Ian Shaw. The Oxford History of Ancient Egypt [M]. Oxford: Oxford University Press, 2000.

[11] Eugen Strouhal. Life of the Ancient Egyptians [M]. Norman: University of Oklahoma Press, 1992.

[12] Alberto Siliotti. Valley of the Kings [M]. Vercelli: White Star S.p.A., 2004.

[13] Corinna Rossi. The Pyramids and the Sphinx [M]. Vercelli: White Star S.r.l., 2005.

[14] James Henry Breasted. The conquest of civilization [M]. New York: Harper & Brothers Pub., 1926.

[15] Dieter Arnold. The Encyclopaedia of Ancient Egyptian architecture [M]. New York: I.B. Tauris, 2003.

[16] Kasia Szpakowska. Daily Life in Ancient Egypt: recreating Lahun [M]. Malden, MA: Blackwell Pub., 2008.

[17] Barbara Mertz. Red Land, Black Land: the world of the ancient egrptians [M]. New York: Dell Publishing Co., 1966.

[18] Lynn Meskell. Private life in New Kingdom Egypt [M]. Princeton: Princeton University Press, 2002.

[19] Edited by Stephen Quirke and Jeffrey Spencer. The British Museum book of ancient Egypt [M]. New York, NY: Thames and Hudson, 1992.

[20] Paul Johnson. The civilization of ancient Egypt [M]. New York: Harper Collins Publishers, 1999.

[21] Barry J. Kemp. Ancient Egypt: anatomy of a civilization [M]. New York: Routledge, 1989.

[22] Edited by Leonard H. Lesko. Pharaoh's Workers: The Villagers of Deir el Medina [M]. London: Cornell University Press, 1994.

[23] Edited by Francesco Tiradritti. Photographs by Araldo De Luca.
Egyptian treasures: from the Egyptian Museum in Cairo [M]. Vercelli: White Star, 1998.

[24] Peter A. Clayton. The Rediscovery of Ancient Egypt: Artists and Travellers in the 19th Century [M]. New York: Thames Hudson Ltd., 1982.

[25] Steven Snape. Ancient Egyptian Tombs: The Culture of Life and Death [M]. NJ Hoboken: John Wiley & Sons, Ltd., Publication, 2011.

[26] Veronica Seton-Williams and Peter Stocks. Egypt [M]. New York: W.W. Norton, 1983.

图片来源 Bibliography Sources of Illustrations

☐ 高为摄影的图片

◆ 2-35 ◆ 3-7、3-11、3-12、3-13、3-15、3-17、3-21 ◆ 4-7、4-8、4-10、4-11、4-29、4-30、4-31、4-32、4-34、4-46、4-49、4-50、4-51、4-56、4-58、4-59、4-62、4-63、4-64、4-67、4-70、4-71、4-74、4-75、4-77、4-78、4-81、4-82、4-98、4-100、4-107、4-112、4-113、4-117、4-118、4-119、4-120、4-122、4-123、4-125、4-126、4-127、4-132、4-138、4-139、4-140、4-141、4-142、4-143、4-144、4-146、4-148、4-150、4-156 ◆ 5-7、5-8、5-10、5-11、5-12、5-13、5-14、5-15、5-16、5-17、5-18、5-22、5-27、5-39、5-42、5-47、5-52、5-54、5-55、5-58、5-64、5-65、5-66、5-67、5-78 ◆ 6-13、6-62、6-63 ◆ 7-2、7-3、7-3、7-15

☐ 曲敬铭摄影的图片

◆ 2-4、2-7、2-8、2-17、2-21、2-27 ◆ 3-22 ◆ 4-4、4-5、4-12、4-13、4-18、4-24、4-28、4-47、4-84、4-114、4-131、4-149、4-153、4-155、4-159、4-161、4-162、4-163 ◆ 5-34、5-38、5-57、5-62 ◆ 6-54、6-55 ◆ 7-4、7-5、7-6、7-7、7-12、7-13、7-14、7-16、7-17

☐ 周锐摄影的图片

◆ 2-28 ◆ 3-23 ◆ 4-19、4-27、4-33、4-158、4-160 ◆ 5-31、5-33

☐ 应纯平摄影的图片

◆ 3-9 ◆ 4-106、4-110 ◆ 5-2、5-60

☐ 徐华宇摄影的图片

◆ 2-5 ◆ 6-6 ◆ 7-18

☐ 相关单位提供的图片

◆埃及博物馆的展品：1-27、1-28、1-29、1-30、1-31、1-32、1-33、1-44、1-45、1-46、1-50、1-53、1-54、1-55、1-58、1-61、1-62、1-63、1-71、2-13、6-66

◆巴黎卢浮宫博物馆展品：1-49、6-1

◆ 引 自 Edited by Stephen Quirke and Jeffrey Spencer. The British Museum book of ancient Egypt[M]. New York, NY : Thames and Hudson, 1992.

1-12、1-13、1-15、1-16、1-17、1-21、1-20、1-22、1-23、1-24、1-25、1-26、1-38、1-39、1-40、1-41、1-42、1-43、1-48、1-52、1-57、1-59、1-60、1-64、1-68、1-69、6-2、6-52.

◆ 1-19、1-34、1-35、1-65、3-24 引 自 Matthias Seidel and Regine Schulz with contribution from Abdel Ghaffar Shedid and Martina Ullmann. Egypt: Art and Architecture[M]. Potsdam:h.f.ullmann Publishing, 2005，本书作者技术加工。

◆ 1-2、1-3、1-4、1-5、1-6、1-9、1-10、3-45、3-46、3-52、3-58、3-59、3-60、

3-61、3-71、3-72、6-41、6-46、6-47. 引自 Mitsuo Nitta. Ancient Egypt[M]. Tokyo: Gyosei Co.,Inc.,1985，本书作者技术加工。

◆ 1-8、1-67、3-29、3-30、3-31、3-32、3-33、3-42、3-47、3-50、3-51、3-53、3-57、3-62、3-63、3-64、3-66、3-67、3-73、3-74、4-93、6-40、6-44、6-45、6-65 引自 Alessandro Bongioanni. Luxor and the Valley of the Kings[M]. Vercelli: White Star Publishers, 2002，本书作者技术加工。

◆ 2-3、4-3 Giorgio Agnese and Maurizio Re. Ancient Egypt:Art and Architecture of The Land of The Pharaos [M]. Vercelli:White Star S.r.l.,2004. 提供，本书作者技术加工。

◆ 2-23、3-5、6-35, Dietrich Wildung. Egypt: From Prehistory to The Romans[M]. Kolon:Benedikt Taschen Verlag GmbH Hohenzollernrinb, 1997. 提供，本书作者技术加工。

◆ 6-27, Veronica Seton-Williams and Peter Stocks. Egypt[M]. London：E. Benn；New York：W.W. Norton, 1983:465. 提供，本书作者技术加工。

□ 除上述说明外，本书选用的总平面、建筑平、剖面均由薛纳重新绘制。

□ 未注明来源的图片均为本书作者拍摄。